A*List VOCA
초등 고난도

A*List

How to Use 이 책의 구성과 특징

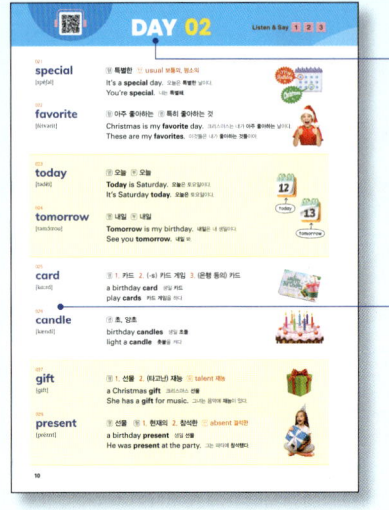

1 새 교육과정 초등 고학년 필수 어휘 및 교과서 빈출 어휘를 반영한 640개의 표제어

DAY별로 18개의 단어와 2개의 숙어를 쉽고 빠르게 익힐 수 있는 8주 완성 학습 플랜을 제시합니다.

2 연관성 높은 단어들을 2개씩 짝지어 외우는 주제별 구성

주제별로 연관된 어휘끼리 짝지어 학습하면 더 쉽고 빠르게 단어를 암기할 수 있습니다.

3 앞서 배운 단어들로 차곡차곡 Build Up 해 나가는 실용적인 예문과 풍부한 추가 어휘

자연스러운 반복 학습을 통해 앞서 배운 단어들을 더 잘 활용할 수 있고, 함께 익혀두면 좋은 유의어, 반의어, 파생어 및 참고 어휘 수록으로 단어에 대한 이해와 활용의 폭을 넓힐 수 있습니다.

4 연상 암기가 가능한 직관적인 사진과 삽화

목표 단어를 확실하게 각인시키는 직관적인 사진과 삽화로 즐겁게 공부할 수 있습니다.

 QR코드로 바로 듣는 MP3
각 DAY별 어휘의 발음과 예문을 바로 듣고 따라 읽으며 소리로도 익힐 수 있는 QR코드 삽입

 QR코드로 바로 연결되는 어휘 학습앱
표지의 QR코드를 통해 어휘 학습이 가능한 앱으로 바로 연결

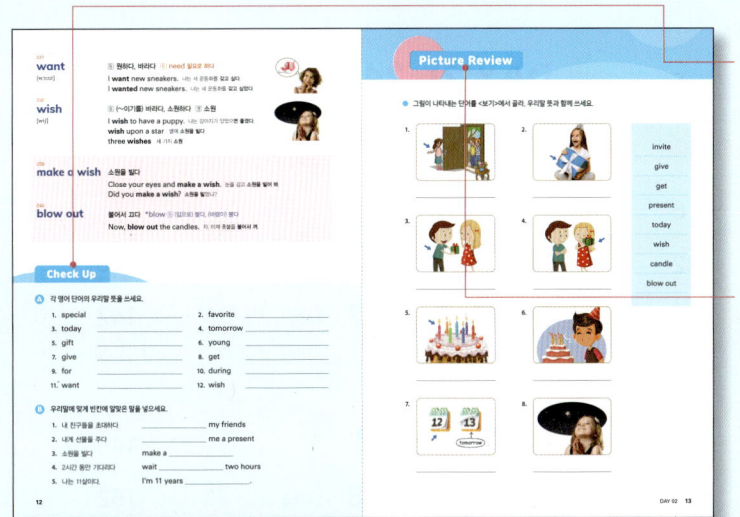

5 각 DAY별로 학습한 어휘를 완벽하게 점검할 수 있는 **Check Up**

오늘 배운 단어를 문제를 통해 확인하며 얼마나 외웠는지 스스로 점검할 수 있습니다.

6 효과적인 반복 학습이 가능한 **Picture Review**

시각효과를 통한 연상작용의 극대화와 쓰기 연습으로 배운 단어를 오래 기억할 수 있습니다.

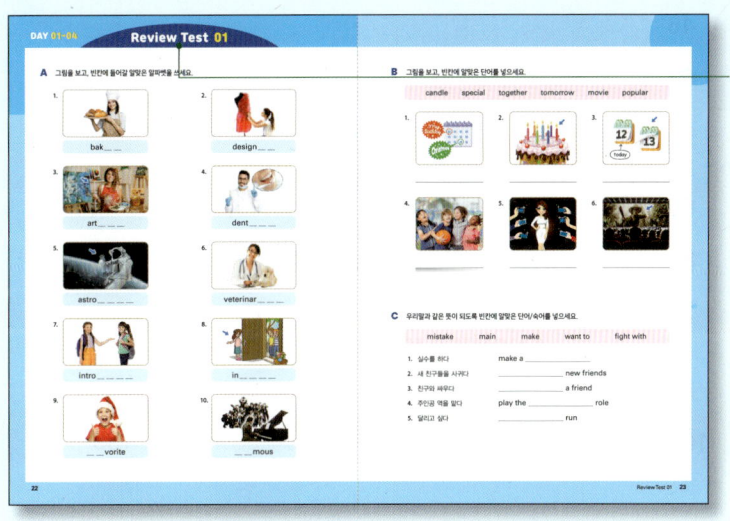

7 누적된 어휘를 반복 확인할 수 있는 **Review Test**

4일차를 학습한 후 뜻과 스펠링, 유의어, 반의어, 숙어 등 다양한 문제를 풀어보며 누적된 어휘를 반복 확인할 수 있습니다.

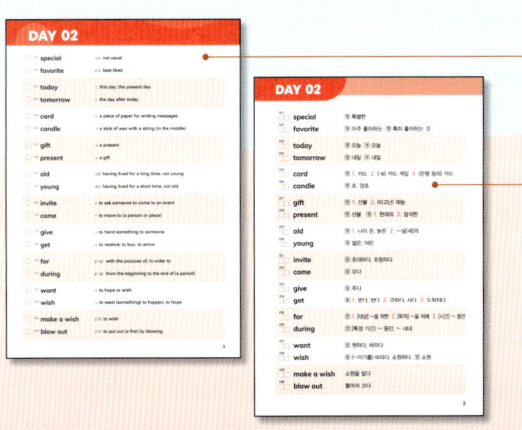

8 영영풀이 실력 Up 단어장

9 휴대하며 외우는 어휘 암기장

〈영영 단어장〉과 간편히 휴대하며 암기할 수 있는 〈어휘 암기장〉으로 단어를 더 오래 기억할 수 있습니다.

Contents 차례

학습 계획표 5

DAY 01-04 6
Review Test 01 DAY 01-04 22

DAY 05-08 26
Review Test 02 DAY 05-08 42

DAY 09-12 46
Review Test 03 DAY 09-12 62

DAY 13-16 66
Review Test 04 DAY 13-16 82

DAY 17-20 86
Review Test 05 DAY 17-20 102

DAY 21-24 106
Review Test 06 DAY 21-24 122

DAY 25-28 126
Review Test 07 DAY 25-28 142

DAY 29-32 146
Review Test 08 DAY 29-32 162

More Words to Know 166

ANSWER KEY 171

INDEX 189

이 책에 나오는 품사와 약어

1 명사   명 사람, 사물, 동물 등의 이름을 나타내는 말 예) friend(친구), cat(고양이)
2 대명사 대 명사를 대신하는 말 예) you(너), she(그녀), it(그것)
3 동사   동 동작이나 상태를 나타내는 말 예) go(가다), tell(말하다), like(좋아하다)
4 형용사 형 상태, 성질, 모양, 크기, 수량 등을 나타내는 말 예) red(빨간), easy(쉬운)
5 부사   부 동사, 형용사, 부사 등을 꾸며주는 말 예) slowly(천천히), here(여기에)
6 전치사 전 명사, 대명사 앞에서 다른 단어와의 관계를 나타내는 말 예) on(~ 위에), in(~ 안에)
7 접속사 접 단어와 단어, 문장과 문장을 이어주는 말 예) and(그리고), but(그러나), or(또는)

*유의어 유 비슷한 의미를 갖는 말
*반의어 반 반대의 의미를 갖는 말

Study Planner 학습 계획표

 **하루에 1 DAY씩 8주 완성**
각 DAY별로 학습한 날짜를 써 나가며 단어 실력을 키워 봅시다.

Week 1	DAY 01	DAY 02	DAY 03	DAY 04	Review Test 01
1차 학습일					
2차 학습일					

Week 2	DAY 05	DAY 06	DAY 07	DAY 08	Review Test 02
1차 학습일					
2차 학습일					

Week 3	DAY 09	DAY 10	DAY 11	DAY 12	Review Test 03
1차 학습일					
2차 학습일					

Week 4	DAY 13	DAY 14	DAY 15	DAY 16	Review Test 04
1차 학습일					
2차 학습일					

Week 5	DAY 17	DAY 18	DAY 19	DAY 20	Review Test 05
1차 학습일					
2차 학습일					

Week 6	DAY 21	DAY 22	DAY 23	DAY 24	Review Test 06
1차 학습일					
2차 학습일					

Week 7	DAY 25	DAY 26	DAY 27	DAY 28	Review Test 07
1차 학습일					
2차 학습일					

Week 8	DAY 29	DAY 30	DAY 31	DAY 32	Review Test 08
1차 학습일					
2차 학습일					

Listen & Say 1 2 3

001
good
[gud]

형 1. 좋은, 착한 2. 잘하는 반 bad 나쁜

my **good** friends   나의 **좋은** 친구들
He's a **good** cook.   그는 **훌륭한** 요리사이다[요리를 **잘한다**].

002
best
[best]

형 최고의, 제일 좋은 명 최고 반 worst 최악의

my **best** friends   나의 가장 친한[단짝] 친구들
You're the **best**.   네가 **최고야**.

003
classmate
[klǽsmeit]

명 반 친구, 급우

She is my **classmate**.   그녀는 (같은) **반 친구**이다.
*class 명 반, 학급 *mate 명 짝

004
close
[klous]

형 가까운, 친한 동 [klouz] (문 등을) 닫다

a very **close** friend   아주 **친한** 친구
We are very **close**.   우리는 아주 **친하다**.

005
club
[klʌb]

명 클럽, 동아리, 동호회

a drama **club**   연극 **동아리**
a reading **club**   독서 **클럽**

006
member
[mémbər]

명 회원, 구성원

a **member** of the drama club   그 연극 동아리의 **회원**
She is a new **member**.   그녀는 새 **회원**이다.

007
join
[dʒɔin]

동 1. 가입하다, 가담하다 2. 연결하다 3. 합쳐지다

join a tennis club   테니스 동아리에 **가입하다**
The two roads **join** here.   그 두 길은 여기서 **합쳐진다**.

008
make
[meik]

동 1. 만들다 2. (어떤 결과가) 생기게 하다 (made-made)

make new friends   새 친구들을 **사귀다**
I **made** friends with Lisa.   나는 리사와 친구가 **되었다**.

학습일: 월   일

009
introduce
[ìntrədjúːs]

동 소개하다

introduce my friend   내 친구를 소개하다

010
let
[let]

동 ~하게 하다, ~하도록 허락하다 (let–let)

Let me introduce my friend.   내 친구를 소개할게.
Let it go.   놓아 줘. / 그냥 내버려 둬. / 다 잊어버려.

011
together
[təgéðər]

부 함께, 같이

We play **together**.   우리는 함께 논다.

012
alone
[əlóun]

부 홀로, 혼자   형 혼자인

He plays **alone**.   그는 혼자 논다.
He was **alone**.   그는 혼자였다.

013
will
[wil]

동 ~일 것이다, ~할 것이다

We **will** play tennis tomorrow.
우리는 내일 테니스를 칠 거야.
Will you join us?   너도 (우리와) 함께할래?

014
may
[mei]

동 1. ~일지도 모른다   2. ~해도 좋다

It **may** rain.   비가 올지도 모른다.
May I join you?   내가 (너와) 함께 가도 될까?

015
have
[hæv]

동 1. 가지고 있다   2. (경험을) 하다   3. 먹다 (had–had)

have a good time   즐거운 시간을 보내다
have lunch   점심을 먹다

016
already
[ɔːlrédi]

부 이미, 벌써

I **already** had lunch.   나는 이미 점심을 먹었다.
Is it 12 o'clock **already**?   벌써 12시야?

017
mistake
[mistéik]

몡 실수, 잘못

make a **mistake** 실수를 하다
He made a **mistake**. 그는 **실수**를 했다.

018
fight
[fait]

동 싸우다 (fought-fought) 몡 싸움

I **fought** with my friend. 나는 내 친구와 **싸웠다**.
We had a big **fight**. 우리는 큰 **싸움**을 했다(크게 싸웠다).

019
be good at

~을 잘하다, ~에 능숙하다

I**'m good at** tennis. 나는 테니스를 잘 친다.
I**'m** not **good at** swimming. 나는 수영을 잘 못한다.

020
be close to

~와 친하다, ~에 가깝다

He **is** very **close to** Sue. 그는 수와 아주 **친하다**.
My school **is close to** my home. 우리 학교는 우리 집과 **가깝다**.

Check Up

A 각 영어 단어의 우리말 뜻을 쓰세요.

1. good _____ 2. best _____
3. close _____ 4. member _____
5. join _____ 6. make _____
7. introduce _____ 8. let _____
9. will _____ 10. may _____
11. have _____ 12. already _____

B 우리말에 맞게 빈칸에 알맞은 말을 넣으세요.

1. 연극 동아리에 가입하다   _____ a drama club
2. 내 친구를 소개하다   _____ my friend
3. 춤을 잘 추다   be _____ dancing
4. 실수를 하다   make a _____
5. 나는 리사와 친하다.   I'm _____ Lisa.

Picture Review

● 그림이 나타내는 단어를 <보기>에서 골라, 우리말 뜻과 함께 쓰세요.

1.

2.

3.

4.

| introduce |
| classmate |
| join |
| mistake |
| fight |
| member |
| alone |
| together |

5.

6.

7.

8.

DAY 01

DAY 02

Listen & Say 1 2 3

021
special
[spéʃəl]

형 특별한 반 usual 보통의, 평소의

It's a **special** day. 오늘은 **특별한** 날이다.
You're **special**. 너는 **특별해**.

022
favorite
[féivərit]

형 아주 좋아하는 명 특히 좋아하는 것

Christmas is my **favorite** day. 크리스마스는 내가 **아주 좋아하는** 날이다.
These are my **favorites**. 이것들은 내가 **좋아하는 것**이야.

023
today
[tədéi]

명 오늘 부 오늘

Today is Saturday. **오늘**은 토요일이다.
It's Saturday **today**. **오늘**은 토요일이다.

024
tomorrow
[təmɔ́:rou]

명 내일 부 내일

Tomorrow is my birthday. **내일**은 내 생일이다.
See you **tomorrow**. **내일** 봐.

025
card
[kɑ:rd]

명 1. 카드 2. (-s) 카드 게임 3. (은행 등의) 카드

a birthday **card** 생일 **카드**
play **cards** **카드 게임**을 하다

026
candle
[kǽndl]

명 초, 양초

birthday **candles** 생일 **초**들
light a **candle** **촛불**을 켜다

027
gift
[gift]

명 1. 선물 2. (타고난) 재능 유 talent 재능

a Christmas **gift** 크리스마스 **선물**
She has a **gift** for music. 그녀는 음악에 **재능**이 있다.

028
present
[préznt]

명 선물 형 1. 현재의 2. 참석한 반 absent 결석한

a birthday **present** 생일 **선물**
He was **present** at the party. 그는 파티에 **참석했다**.

학습일: 월 일

029 old
[ould]

㈜ 1. 나이 든, 늙은 2. ~살[세]의
an **old** man 늙은 사람, 노인
I'm 12 years **old**. 나는 12살이다.

030 young
[jʌŋ]

㈜ 젊은, 어린
a **young** boy 어린 소년
*youth ㈜ 젊음, 청춘, 젊은이

031 invite
[inváit]

㈜ 초대하다, 초청하다
I will **invite** my friends. 나는 내 친구들을 초대할 것이다.
*invitation ㈜ 초대, 초대장

032 come
[kʌm]

㈜ 오다 (came-come) ㈜ go 가다
They will **come** to the party. 그들은 파티에 올 것이다.
They **came** to the party. 그들은 파티에 왔다.

033 give
[giv]

㈜ 주다 (gave-given) ㈜ receive 받다
give me a present 내게 선물을 **주다**
He **gave** me a present. 그는 내게 선물을 주었다.

034 get
[get]

㈜ 1. 받다, 얻다 2. 구하다, 사다 3. 도착하다 (got-gotten)
I **got** lots of presents. 나는 많은 선물을 **받았다**.
Where did you **get** it? 너 그거 어디서 났니[샀니]?
We'll **get** there soon. 우리는 곧 거기 **도착할** 거야.

035 for
[fər]

㈜ 1. [대상] ~을 위한 2. [목적] ~을 위해 3. [시간] ~ 동안
This is a gift **for** you. 이것은 너를 위한 선물이야.
go out **for** dinner 저녁 식사를 하러 나가다
wait **for** two hours 2시간 동안 기다리다

036 during
[djúəriŋ]

㈜ [특정 기간] ~ 동안, ~ 내내
during the weekend 주말 동안
We had fun **during** the party. 우리는 파티 내내 즐겁게 보냈다.

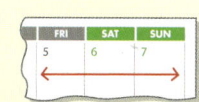

DAY 02

037
want [wɔːnt]

동 원하다, 바라다 유 **need** 필요로 하다

I **want** new sneakers. 나는 새 운동화를 갖고 싶다.
I **wanted** new sneakers. 나는 새 운동화를 갖고 싶었다.

038
wish [wiʃ]

동 (~이기를) 바라다, 소원하다 명 소원

I **wish** to have a puppy. 나는 강아지가 있었으면 좋겠다.
wish upon a star 별에 소원을 빌다
three **wishes** 세 가지 소원

039
make a wish 소원을 빌다

Close your eyes and **make a wish**. 눈을 감고 소원을 빌어 봐.
Did you **make a wish**? 소원을 빌었니?

040
blow out 불어서 끄다 *blow 동 (입으로) 불다, (바람이) 불다

Now, **blow out** the candles. 자, 이제 촛불을 **불어서 꺼**.

Check Up

A 각 영어 단어의 우리말 뜻을 쓰세요.

1. special _____
2. favorite _____
3. today _____
4. tomorrow _____
5. gift _____
6. young _____
7. give _____
8. get _____
9. for _____
10. during _____
11. want _____
12. wish _____

B 우리말에 맞게 빈칸에 알맞은 말을 넣으세요.

1. 내 친구들을 초대하다   _____ my friends
2. 내게 선물을 주다   _____ me a present
3. 소원을 빌다   make a _____
4. 2시간 동안 기다리다   wait _____ two hours
5. 나는 11살이다.   I'm 11 years _____.

Picture Review

● 그림이 나타내는 단어를 <보기>에서 골라, 우리말 뜻과 함께 쓰세요.

1.

2.

3.

4.

5.

6.

7.

8.

| invite |
| give |
| get |
| present |
| today |
| wish |
| candle |
| blow out |

DAY 02　13

DAY 03

Listen & Say 1 2 3

041
future
[fjú:tʃər]

명 미래, 장래 형 미래의
in the **future** 미래에, 장차

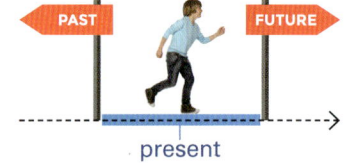

042
past
[pæst]

명 과거 형 과거의, 지나간
in the **past** 과거에
*present 명 현재 형 현재의

043
job
[dʒɑb]

명 1. 직업 2. 직장, 일자리
get a **job** 직업을 구하다, 직장을 얻다, 취직을 하다
I got a **job**. 나 취직했어.

044
dream
[dri:m]

명 꿈 동 꿈을 꾸다, 상상하다
I have a **dream**. 나는 꿈이 있다.
What's your **dream** job? 네가 꿈꾸는 직업은 뭐니?
dream a good **dream** 좋은 꿈을 꾸다

045
artist
[ɑ́:rtist]

명 화가, 예술가 유 painter 화가
Artists make art. 예술가는 예술 작품을 만든다.
*art 명 미술, 예술

046
musician
[mju:zíʃən]

명 음악가, 뮤지션 유 singer 가수
Musicians make music. 뮤지션은 음악을 만든다[연주한다].
*music 명 음악

047
famous
[féiməs]

형 유명한 유 well-known 잘 알려진, 유명한
a **famous** pianist 유명한 피아니스트
He is very **famous**. 그는 아주 유명하다.

048
popular
[pɑ́pjulər]

형 인기 있는, 대중적인
She is a **popular** singer. 그녀는 인기 있는 가수이다.
*popularity 명 인기

학습일: 월   일

049
actor
[ǽktər]

몡 배우, 남자 배우   반 actress 여자 배우
a famous **actor**   유명한 배우
*act 동 행동하다, 연기하다

050
movie
[múːvi]

몡 영화
a popular **movie** actor   인기 있는 **영화** 배우
Let's go to the **movies**.   우리 (영화관에) **영화** 보러 가자.
*the movies 영화관   *movie theater 극장, 영화관

051
role
[roul]

몡 1. (배우의) 배역 2. 역할
play the **role** of Aladdin   알라딘 **역**을 하다
This is the **role** of teachers.   이것이 교사들의 **역할**이다.
*role-play 몡 역할극

052
main
[mein]

형 주된, 가장 중요한
He played the **main** role.   그는 주인공 역을 맡았다.

053
fire
[faiər]

몡 불, 화재
a forest **fire**   산불
Firefighters are fighting **fires**.   소방관들이 **불**을 끄고 있다.
*firefighter 몡 소방관

054
police
[pəlíːs]

몡 경찰
call the **police**   **경찰**을 부르다
Police officers help people.   **경찰**관들은 사람들을 돕는다.
*police officer 몡 경찰관

055
pilot
[páilət]

몡 (비행기) 조종사   동 조종하다
Pilots fly airplanes.   **조종사**는 비행기를 조종한다.

056
astronaut
[ǽstrənɔ̀ːt]

몡 우주 비행사
Astronauts go to space.   **우주 비행사**는 우주로 나간다.

DAY 03   15

057
great
[greit]

⟨형⟩ 1. 훌륭한, 멋진 2. 큰, 거대한

a **great** musician 훌륭한 음악가
the **Great** Pyramid of Giza 기자의 **대**피라미드

058
also
[ɔ́ːlsou]

⟨부⟩ 또한, ~도

He is **also** a great actor. 그는 **또한** 훌륭한 배우이다.

059
want to + 동사

~하고 싶다, ~하기를 원하다

I **want to** sing. 나는 노래하고 싶다.
I **want to** run. 나는 달리고 싶다.

060
want to be

~이(가) 되고 싶다

What do you **want to be** in the future? 너는 장래에 무엇이 **되고 싶니**?
I **want to be** an actor. 나는 배우가 **되고 싶다**.

Check Up

A 각 영어 단어의 우리말 뜻을 쓰세요.

1. future _____
2. past _____
3. famous _____
4. popular _____
5. actor _____
6. movie _____
7. role _____
8. main _____
9. pilot _____
10. astronaut _____
11. great _____
12. want to _____

B 우리말에 맞게 빈칸에 알맞은 말을 넣으세요.

1. 유명한 가수   a _____ singer
2. 인기 있는 영화 배우   a _____ movie actor
3. 영화 보러 가다   go to the _____
4. 나는 꿈이 있다.   I have a _____.
5. 나는 조종사가 되고 싶다. I _____ a pilot.

Picture Review

● 그림이 나타내는 단어를 <보기>에서 골라, 우리말 뜻과 함께 쓰세요.

1.
2.

| artist |
| musician |
| dream |
| astronaut |
| fire |
| popular |
| police |
| great |

3.
4.

5.
6.

7.
8.

DAY 03　17

DAY 04

Listen & Say 1 2 3

061
work
[wəːrk]

동 일하다, 근무하다 명 직장, 일

work from Monday to Friday 월요일부터 금요일까지 **일하다**
He goes to **work** by bus. 그는 버스로 **직장**에 간다(출근한다).
*worker 명 근로자, 노동자

062
hard
[hɑːrd]

형 1. 힘든, 어려운 반 easy 쉬운
   2. 단단한 반 soft 부드러운 부 열심히, 세게

hard work 힘든 일
He works **hard**. 그는 **열심히** 일한다.

063
chef
[ʃef]

명 주방장, 셰프

He wants to be a **chef**. 그는 셰프가 되고 싶어 한다.
*cook 명 요리사 동 요리하다

064
baker
[béikər]

명 제빵사

She wants to be a **baker**. 그녀는 제빵사가 되고 싶어 한다.
*bake 동 굽다 *bakery 명 제과점, 빵집

065
like
[laik]

전 ~와 같은, ~처럼 동 좋아하다

dress up **like** a chef 마치 셰프처럼 차려입다

066
act
[ækt]

동 행동하다, 연기하다 명 행동

He is **acting** like a chef. 그는 셰프처럼 행동하고 있다.
*action 명 행동

067
veterinarian
[vètərənéəriən]

명 1. 수의사 = vet 2. 수의사 진료소

Anna wants to be a **veterinarian**.
애나는 수의사가 되고 싶어 한다.
go to the **vet** 동물병원에 가다

068
dentist
[déntist]

명 1. 치과 의사 2. 치과 (진료소)

Ben wants to be a **dentist**. 벤은 치과 의사가 되고 싶어 한다.
go to the **dentist** 치과에 가다

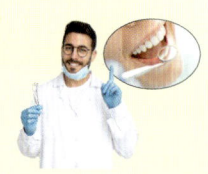

학습일: 월   일

069
sick
[sik]

⟨형⟩ 아픈, 병든 ⟨유⟩ ill 아픈, 병든
sick people   아픈 사람들
Doctors help **sick** people.   의사는 아픈 사람들을 돕는다.

070
healthy
[hélθi]

⟨형⟩ 건강한, 건강에 좋은
a **healthy** boy   건강한 소년
healthy food   건강에 좋은 음식
*health ⟨명⟩ 건강

071
office
[ɔ́:fis]

⟨명⟩ 사무실, 근무처
an **office** worker   사무직 근로자
a doctor's **office**   의사 진료실

072
company
[kʌ́mpəni]

⟨명⟩ 회사
He works at a food **company**.   그는 식품 회사에서 일한다.
I work for a computer **company**.
나는 컴퓨터 회사에서 일한다.

073
design
[dizáin]

⟨명⟩ 디자인 ⟨동⟩ 디자인하다, 설계하다
design clothes   옷을 디자인하다
He **designed** this building.   그가 이 건물을 설계했다.

074
designer
[dizáinər]

⟨명⟩ 디자이너
She is a fashion **designer**.   그녀는 패션 디자이너이다.

075
model
[mɑdl]

⟨명⟩ 1. 모델 2. 모형
a fashion **model**   패션 모델
make a **model** plane   모형 비행기를 만들다

076
as
[æz]

⟨전⟩ 1. [자격] ~로서 2. ~처럼 ⟨유⟩ like ~처럼
She works **as** a fashion model.   그녀는 패션 모델로 일한다.
Dad dressed up **as** Santa Claus.   아빠는 산타클로스처럼 변장했다.

077
play [plei]

동 1. 놀다 2. 연주하다, (레코드 등을) 틀다 3. (스포츠를) 하다

play music 음악을 연주하다, 음악을 틀다[들려주다]
I like **playing** music. 나는 음악을 연주하기를 좋아한다.
*playing 명 (음악) 연주, 놀이

078
listen [lisn]

동 (귀 기울여) 듣다 유 hear (들려오는 소리를) 듣다

listen to music 음악을 듣다
I like **listening** to music. 나는 음악 듣기를 좋아한다.
*listening 명 듣기, 청취

079
like to + 동사 ~하는 것을 좋아하다

She **likes to** cook. 그녀는 요리하는 걸 좋아한다.
Do you **like to** cook? 너는 요리하는 걸 좋아하니?

080
like + 동사ing ~하는 것을 좋아하다

He **likes** cook**ing**. 그는 요리하기를 좋아한다.
Do you **like** cook**ing**? 너는 요리하기를 좋아하니?

Check Up

A 각 영어 단어의 우리말 뜻을 쓰세요.

1. work _____
2. hard _____
3. chef _____
4. act _____
5. veterinarian _____
6. dentist _____
7. sick _____
8. healthy _____
9. office _____
10. company _____
11. design _____
12. listen _____

B 우리말에 맞게 빈칸에 알맞은 말을 넣으세요.

1. 셰프처럼 차려입다   dress up like a _____
2. 사무직 근로자   an _____ worker
3. 치과에 가다   go to the _____
4. 그는 음악 듣기를 좋아한다.   He likes _____ to music.
5. 그녀는 패션 모델로 일한다.   She works _____ a fashion model.

Picture Review

● 그림이 나타내는 단어를 <보기>에서 골라, 우리말 뜻과 함께 쓰세요.

1.

2.

3.

4.

5.

6.

7.

8.

보기
healthy
baker
veterinarian
company
sick
designer
model
office

DAY 04

Review Test 01

A 그림을 보고, 빈칸에 들어갈 알맞은 알파벳을 쓰세요.

1.
bak__ __

2.
design__ __

3.
art__ __ __

4.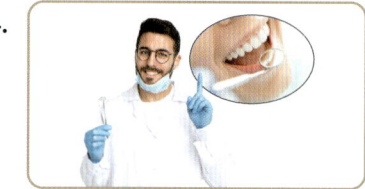
dent__ __ __

5.
astro__ __ __ __

6.
veterinar__ __ __

7.
intro__ __ __ __

8.
in__ __ __ __

9.
__ __vorite

10.
__ __mous

B 그림을 보고, 빈칸에 알맞은 단어를 넣으세요.

> candle   special   together   tomorrow   movie   popular

1. special
2. candle
3. tomorrow
4. together
5. popular
6. movie

C 우리말과 같은 뜻이 되도록 빈칸에 알맞은 단어/숙어를 넣으세요.

> mistake   main   make   want to   fight with

1. 실수를 하다   make a _____
2. 새 친구들을 사귀다   _____ new friends
3. 친구와 싸우다   _____ a friend
4. 주인공 역을 맡다   play the _____ role
5. 달리고 싶다   _____ run

D 주어진 단어와 반대의 뜻을 가진 단어를 <보기>에서 골라 쓰세요.

| young | healthy | alone | get |

1. together _____
2. give _____
3. old _____
4. sick _____

E 주어진 단어와 비슷한 뜻을 가진 단어를 <보기>에서 골라 쓰세요.

| chef | have | gift | artist |

1. present _____
2. painter _____
3. cook _____
4. eat _____

F 우리말 뜻에 알맞은 단어/숙어를 <보기>에서 골라 문장을 완성하세요.

| make a wish | want to be | good at | like |

1. 그녀는 수영을 잘한다.

   She is _____ swimming.

2. 소원을 빌었니?

   Did you _____?

3. 너는 장래에 무엇이 되고 싶니?

   What do you _____ in the future?

4. 그는 셰프처럼 행동하고 있다.

   He is acting _____ a chef.

G 읽을 수 있는 단어에 체크한 후, 우리말 뜻을 빈칸에 써 보세요.

- [ ] classmate _____
- [ ] close _____
- [ ] member _____
- [ ] join _____
- [ ] introduce _____
- [ ] let _____
- [ ] together _____
- [ ] already _____
- [ ] mistake _____
- [ ] fight _____
- [ ] special _____
- [ ] present _____
- [ ] old _____
- [ ] young _____
- [ ] invite _____
- [ ] give _____
- [ ] get _____
- [ ] during _____
- [ ] want _____
- [ ] wish _____

- [ ] future _____
- [ ] past _____
- [ ] dream _____
- [ ] famous _____
- [ ] popular _____
- [ ] actor _____
- [ ] movie _____
- [ ] main _____
- [ ] pilot _____
- [ ] astronaut _____
- [ ] work _____
- [ ] hard _____
- [ ] act _____
- [ ] dentist _____
- [ ] sick _____
- [ ] healthy _____
- [ ] office _____
- [ ] company _____
- [ ] design _____
- [ ] model _____

DAY 05

Listen & Say 1 2 3

081
world
[wəːrld]

명 세계, 세상

a map of the **world** 세계 지도

082
country
[kʌ́ntri]

명 1. 나라 2. 시골

How many **countries** are there in the world?
전 세계에는 몇 개국이 있나요?

move to the **country** 시골로 이사 가다

083
nation
[néiʃən]

명 국가, 민족

all the **nations** of the world 세계의 모든 국가
the United **Nations** 유엔, 국제 연합

*national 형 국가의

084
flag
[flæg]

명 기, 깃발

a national **flag** 국기
the **flag** of Korea 한국의 국기

085
from
[frəm]

전 1. ~ 출신의, ~에서 온 2. ~로부터

Where are you **from**? 어디에서 오셨나요?
I'm **from** Korea. 저는 한국에서 왔습니다.

086
to
[tu]

전 1. ~(쪽)으로 2. ~까지 3. ~에게

fly **to** New York 뉴욕으로 날아가다(비행기를 타고 가다)
from Seoul **to** New York 서울에서 뉴욕까지
I want to run **to** you. 나는 너에게 달려가고 싶어.

087
Korean
[kəríːən]

명 한국인, 한국어 형 한국의, 한국인의

I'm **Korean**. 나는 한국인입니다.
Korean Wave 한류

*Korea 명 한국 *the Republic of Korea 대한민국

088
American
[əmérikən]

명 미국인 형 미국의, 미국인의

I'm **American**. 나는 미국인입니다.

*America / the U.S. 미국
*the United States of America(the USA) 미합중국

089
culture
[kʌ́ltʃər]

명 문화

Korean **culture** 한국 문화

090
of
[əv]

전 [소속·소유] ~의, ~ 중의

the culture **of** Korea 한국의 문화
the best **of** the best 최고 중의 최고

091
language
[lǽŋgwidʒ]

명 언어, 말

He can speak three **languages**. 그는 3개 **국어**를 말할 수 있다.
bad **language** 나쁜 말, 상스러운 표현

092
people
[píːpl]

명 사람들, 국민

the American **people** 미국 사람들

093
Chinese
[tʃàiníːz]

명 중국인, 중국어   형 중국의, 중국인의

Are you **Chinese**? 당신은 **중국인**인가요?
Can you speak **Chinese**? 당신은 **중국어**를 할 수 있나요?
*China 명 중국

094
Japanese
[dʒæpəníːz]

명 일본인, 일본어   형 일본의, 일본인의

Is she **Japanese**? 그녀는 **일본인**인가요?
Can she speak **Japanese**? 그녀는 **일본어**를 할 수 있나요?
*Japan 명 일본

095
British
[brítiʃ]

형 영국의, 영국인의   명 (the British) 영국인들

He's **British**. 그는 영국인이다.
*the United Kingdom(the U.K.) / Great Britain / England 영국
*English 영어, (잉글랜드 출신) 영국인

096
Spanish
[spǽniʃ]

명 스페인 사람, 스페인어   형 스페인의, 스페인 사람의

Isn't she **Spanish**? 그녀는 스페인 사람 아니니?
Can she speak **Spanish**? 그녀는 스페인어를 할 수 있니?
*Spain 명 스페인

097
French [frentʃ]

영 프랑스인, 프랑스어 형 프랑스의, 프랑스인의
They're **French**. 그들은 **프랑스인**이다.
*France 영 프랑스

098
Greek [griːk]

영 그리스인, 그리스어 형 그리스의, 그리스인의
Aren't they **Greek**? 그들은 그리스인 아니니?
*Greece 영 그리스

099
be from

~ 출신이다, ~에서 오다
Are you **from** Greece? 당신은 그리스 출신인가요?
We're **from** Australia. 우리는 호주에서 왔어요.

100
come from

~ 출신이다, ~에서 나오다
Mr. Smith **comes from** London. 스미스 씨는 런던 출신이다.
Milk **comes from** cows. 우유는 젖소에서 나온다.

Check Up

A 각 영어 단어의 우리말 뜻을 쓰세요.

1. world _____   2. country _____
3. nation _____ 4. flag _____
5. from _____   6. to _____
7. culture _____ 8. of _____
9. language _____ 10. people _____
11. Chinese _____ 12. Japanese _____

B 우리말에 맞게 빈칸에 알맞은 말을 넣으세요.

1. 세계 지도   a map of the _____
2. 서울에서 뉴욕까지   _____ Seoul _____ New York
3. 한국의 문화   the _____ of Korea
4. 3개 국어를 말하다   speak three _____
5. 그녀는 뉴욕 출신이다. She _____ from New York.

Picture Review

● 그림이 나타내는 단어를 <보기>에서 골라, 우리말 뜻과 함께 쓰세요.

1.
2.

| world |
| flag |
| country |
| culture |
| language |
| people |
| Greek |
| Spanish |

3.
4.

5.
6.

7.
8.

DAY 06

Listen & Say 1 2 3

101
holiday
[hálədèi]

명 1. 휴가 2. 휴일, 공휴일 유 vacation 방학, 휴가

go on a **holiday** 휴가를 가다
a national **holiday** 국경일

102
trip
[trip]

명 (짧은) 여행 유 tour (관광) 여행

go on a **trip** to London 런던으로 여행 가다
a field **trip** 견학 여행, 수학 여행

103
around
[əráund]

전 ~ 주위에, ~을 둘러싸고 부 빙 돌아서

walk **around** a lake 호수 주위를 걷다
look **around** 주위를 둘러보다

104
travel
[trǽvəl]

동 (장거리를) 여행하다, 이동하다 명 여행

travel around the world
세계를 여행하고 다니다(세계 일주를 하다)

*traveler 명 여행자

105
need
[ni:d]

동 1. (~을) 필요로 하다 2. ~할 필요가 있다

We **need** a suitcase. 우리는 여행 가방이 필요하다.
We **need** to pack. 우리는 짐을 싸야 한다.

106
camera
[kǽmərə]

명 카메라

Do we need a **camera**? 우리 카메라가 필요한가요?

107
bring
[briŋ]

동 (~ 쪽으로) 가져오다, 데려오다 (brought-brought)

bring a camera 카메라를 가져오다
Don't **bring** a camera. 카메라를 가져오지 마라.

108
carry
[kǽri]

동 1. 들고 있다, 휴대하다 2. 운반하다

carry a suitcase 여행 가방을 들고 있다
He was **carrying** a suitcase. 그는 여행 가방을 들고 있었다.

학습일:　　월　　일

109
airport
[ɛ́ərpɔːrt]
명 공항
go to the **airport** 공항에 가다

110
arrive
[əráiv]
동 도착하다　반 leave 떠나다, depart 출발하다
arrive at the airport 공항에 도착하다
*__arrival__ 명 도착

111
visit
[vízit]
동 방문하다, 찾아가다
I want to **visit** Paris. 나는 파리를 **방문하고** 싶다.
We **visited** Rome. 우리는 로마를 **방문했다**.
*__visitor__ 명 방문객

112
go
[gou]
동 가다, 떠나다 (went-gone)
go to Paris 파리로 가다
We **went** to Paris. 우리는 파리로 갔다.

113
group
[gruːp]
명 무리, 집단, 그룹
a **group** of students 한 무리의 학생들

114
guide
[gaid]
명 안내자, 안내원　동 안내하다
a tour **guide** 관광 가이드
He **guided** us to the museum. 그는 우리를 박물관으로 안내했다.

tour guide

115
tower
[tauər]
명 탑, 송신탑
go up the Eiffel **Tower** 에펠 **탑**에 올라가다
They went up the **tower**. 그들은 그 **탑**을 올라갔다.

116
bridge
[bridʒ]
명 다리, 교량
a long **bridge** 긴 다리
There was a **bridge** over the river. 강 위로 **다리**가 있었다.

117
hotel
[houtél]

명 호텔

a five-star **hotel** 5성급 호텔
the best **hotel** in the city 그 도시에서 최고의 호텔

118
stay
[stei]

동 머무르다, (~에서) 지내다 명 머무름

We will **stay** at a hotel. 우리는 호텔에 묵을 거다.
We **stayed** at the hotel for two days.
우리는 그 호텔에서 이틀 동안 **묵었다**.

119
go on a trip

여행을 가다 = take a trip

We **went on a trip**. 우리는 여행을 갔다.
We **went on a** field **trip**. 우리는 수학 여행을 갔다.

120
arrive at[in]

~에 도착하다

They **arrived at** the hotel. 그들은 호텔에 도착했다.
They **arrived in** Seoul. 그들은 서울에 도착했다.

Check Up

A 각 영어 단어의 우리말 뜻을 쓰세요.

1. holiday _____   2. around _____
3. travel _____   4. need _____
5. bring _____   6. carry _____
7. airport _____   8. arrive _____
9. visit _____   10. tower _____
11. bridge _____   12. stay _____

B 우리말에 맞게 빈칸에 알맞은 말을 넣으세요.

1. (짧은) 여행을 가다   go on a _____
2. 세계를 여행하고 다니다   _____ around the world
3. 카메라를 가져오다   _____ a camera
4. 공항에 도착하다   _____ the airport
5. 우리는 호텔에 묵을 거다.   We will _____ at a hotel.

Picture Review

● 그림이 나타내는 단어를 <보기>에서 골라, 우리말 뜻과 함께 쓰세요.

1.

2.

3.

4.

| airport |
| holiday |
| visit |
| carry |
| guide |
| group |
| bridge |
| tower |

5.

6.

7.

8.

DAY 07

Listen & Say 1 2 3

121
space
[speis]

명 1. 우주 2. 공간

a trip into **space** 우주로의 여행
a large **space** 넓은 공간

122
Earth
[əːrθ]

명 지구

Earth is our home. 지구는 우리들의 집이다.

123
spaceship
[spéiʃip]

명 우주선 = spacecraft

fly to space in a **spaceship**
우주선을 타고 우주로 날아가다

124
welcome
[wélkəm]

동 환영하다, 맞이하다 형 환영받는

Welcome to space. 우주에 오신 걸 환영합니다.
Thank you. – You're **welcome**.
감사합니다. – 별말씀을요.

125
above
[əbʌ́v]

전 ~보다 위에, ~보다 높이

fly **above** the clouds 구름 위를 날다

126
below
[bilóu]

전 ~보다 아래에, ~보다 밑에

fly **below** the clouds 구름 아래를 날다

127
across
[əkrɔ́ːs]

전 1. ~을 가로질러 2. ~ 건너편에, ~ 맞은편에

fly **across** the sky 하늘을 가로질러 날다
There is a bank **across** the street.
길 맞은편에 은행이 있다.

128
against
[əgénst]

전 ~에 반(대)하여, ~에 맞서

against the wind 바람을 거슬러서, 맞바람을 맞으며

129
full
[ful]

⟨형⟩ 1. (~이) 가득 찬, 가득한 2. 배부른

The garden is **full** of flowers. 정원은 꽃들이 가득하다.
The sky was **full** of stars. 하늘은 별들로 가득했다.

130
fall
[fɔːl]

⟨동⟩ 1. 떨어지다 2. (눈·비가) 내리다 (fell–fallen) ⟨명⟩ 가을

In **fall**, leaves **fall** from trees.
가을에 잎들은 나무에서 **떨어진다**.
The snow **fell**. 눈이 내렸다.

131
hot
[hɑt]

⟨형⟩ 1. 더운, 뜨거운 2. 매운 *hotter(더 더운)–hottest(가장 더운)

a **hot** summer 뜨거운 여름
the **hottest** season 가장 더운 계절

132
cold
[kould]

⟨형⟩ 추운, 차가운 *colder(더 추운)–coldest(가장 추운)

a **cold** winter 추운 겨울
the **coldest** season 가장 추운 계절

133
warm
[wɔːrm]

⟨형⟩ 따뜻한 *warmer(더 따뜻한)–warmest(가장 따뜻한)

It's a **warm** spring day. 따뜻한 봄날이다.

134
cool
[kuːl]

⟨형⟩ 1. 시원한 2. 멋진 *cooler(더 시원한)–coolest(가장 시원한)

a **cool** drink 시원한 음료
You look **cool** today. 너 오늘 멋져 보인다.

135
change
[tʃeindʒ]

⟨동⟩ 변하다, 바뀌다 ⟨명⟩ 변화

The weather **changes** every day.
날씨는 매일 달라진다.

136
get
[get]

⟨동⟩ (어떤 상태가) 되다, ~하게 되다 (got–gotten)

It **gets** warm in spring. 봄에는 (날씨가) 따뜻해진다.
It **gets** warmer in summer. 여름에는 (날씨가) 더 따뜻해진다.

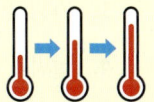

137
away [əwéi]
- 분 (공간·시간적으로) 떨어져, 멀리
- The beach is 1 kilometer **away**. 해변은 1킬로미터 **떨어져** 있다.
- Stars are far **away** from Earth. 별들은 지구로부터 아주 **멀리** 있다.

138
ahead [əhéd]
- 분 (공간·시간상으로) 앞에, 앞쪽으로
- 유 in front 앞에 반 behind 뒤에
- Go straight **ahead**. 곧장 앞으로 가세요.
- Go **ahead**. 계속 (진행)해. / 그렇게 해.

139
move around ~ 주위를 돌다 = go around *move 동 움직이다
- Earth **moves around** the sun. 지구는 태양 **주위를 돈다**.
- The moon **goes around** Earth. 달은 지구 **주위를 돈다**.

140
get cold 추워지다
- It's **getting cold**. (날씨가) 추워지고 있다.
- In winter, the weather **gets colder**. 겨울에는 날씨가 더 추워진다.

Check Up

A 각 영어 단어의 우리말 뜻을 쓰세요.

1. space _____   2. Earth _____
3. above _____   4. below _____
5. across _____   6. against _____
7. full _____   8. fall _____
9. change _____   10. away _____
11. ahead _____   12. get cold _____

B 우리말에 맞게 빈칸에 알맞은 말을 넣으세요.

1. 우주로의 여행   a trip into _____
2. 하늘을 가로질러 날다   fly _____ the sky
3. 가장 추운 계절   the _____ season
4. 날씨가 더 따뜻해진다.   It _____ warmer.
5. 지구는 태양 주위를 돈다.   Earth _____ the sun.

Picture Review

● 그림이 나타내는 단어를 <보기>에서 골라, 우리말 뜻과 함께 쓰세요.

| welcome |
| spaceship |
| space |
| Earth |
| fall |
| change |
| above |
| below |

1.

2.

3.

4.

5.

6.

7.

8.

DAY 08

 Listen & Say 1 2 3

141
nature
[néitʃər]

명 자연

beautiful **nature**   아름다운 자연
Look at the colors of **nature**.   저 자연의 색깔들을 좀 봐.
*natural 형 자연의

142
amazing
[əméiziŋ]

형 아주 놀라운, 굉장한

amazing nature   놀라운 자연
That's **amazing**, isn't it?   정말 놀라워요. 그렇죠?
*amaze 동 놀라게 하다

143
high
[hai]

형 1. (높이가) 높은   2. (평균보다) 높은   3. 높이가 …인

a **high** mountain   높은 산
How **high** is Mount Everest?   에베레스트 산은 얼마나 높은가요?

144
low
[lou]

형 1. (높이가) 낮은   2. (평균보다) 낮은, 적은   부 낮게

a **low** hill   낮은 언덕
a **low** level   낮은 수준, 낮은 단계
That plane is flying too **low**!   저 비행기는 너무 낮게 날고 있어!

145
top
[tɑp]

명 맨 위, 꼭대기   유 peak 꼭대기, 정상

arrive at the **top** of the mountain   산 정상에 도착하다

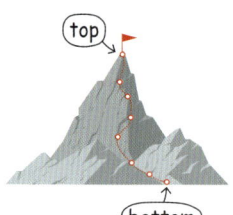

146
bottom
[bátəm]

명 맨 아래, 바닥

arrive at the **bottom** of the mountain   산 아래에 도착하다

147
along
[əlɔ́ːŋ]

전 ~을 따라   부 (~와) 함께

We walked **along** the beach.   우리는 해변을 따라 걸었다.
Come **along** with me.   나와 함께 가자.

148
side
[said]

명 1. 쪽   2. 옆면, 가장자리   3. (~의) 편, 쪽

drive on the right **side** of the road
도로의 오른쪽에서 운전하다
I'm always on your **side**.   나는 항상 네 편이야.

149
valley
[vǽli]

명 계곡, 골짜기
We camped in the **valley**. 우리는 계곡에서 야영을 했다.

150
field
[fiːld]

명 1. 들판, 밭 유 plain 평원 2. (경기)장
Kids were running in the **field**.
아이들이 들판을 뛰어다니고 있었다.
a baseball **field** 야구장

151
deep
[diːp]

형 깊은 반 shallow 얕은 부 깊이, 깊게
a **deep** valley 깊은 계곡
go **deep** into the cave 동굴 안으로 깊이 들어가다
*deeply 부 (대단히) 깊이, 크게

152
flat
[flæt]

형 평평한, 납작한
a large, **flat** field 넓고 평평한 들판
flat bread 납작한 빵

153
dry
[drai]

형 마른, 건조한
a hot and **dry** desert 덥고 건조한 사막

154
wet
[wet]

형 1. 젖은, 축축한 2. 비가 오는
wet clothes 젖은 옷
wet and windy weather 비 오고 바람 부는 날씨

155
many
[méni]

형 (수가) 많은, 다수의
How **many** plants are there? 얼마나 많은 식물이 있나요?
There are not **many** plants. 식물이 많지 않다.
*much 형 (양이) 많은

156
few
[fjuː]

형 (수가) 많지 않은, 거의 없는
There are **few** plants in the desert.
사막에는 식물이 거의 없다.
There were **few** trees. 나무가 거의 없었다.
*little 형 (양이) 많지 않은

157
kind
[kaind]

명 종류 형 친절한

many **kinds** of plants 많은 **종류**의 식물들
What **kind** of food do you like?
너는 어떤 **종류**의 음식을 좋아하니?

158
type
[taip]

명 유형, 종류

three **types** of trees 세 가지 **유형**의 나무들
What **type** of fish is this? 이것은 어떤 **종류**의 물고기인가요?

159
a lot

아주 많이, 대단히   *a lot of 많은
It rains **a lot**. 비가 아주 많이 내린다.
Thanks **a lot**. 정말 고마워.

160
a kind of

~의 한 종류, 일종의, ~ 같은   = a type of
A cherry tree is **a kind of** plant. 벚나무는 식물의 한 종류이다.
It's **a kind of** bread. 그것은 일종의 빵이다.

Check Up

A 각 영어 단어의 우리말 뜻을 쓰세요.

1. nature _____   2. amazing _____
3. top _____   4. bottom _____
5. along _____   6. side _____
7. valley _____   8. field _____
9. dry _____   10. wet _____
11. few _____   12. kind _____

B 우리말에 맞게 빈칸에 알맞은 말을 넣으세요.

1. 놀라운 자연   amazing _____
2. 높은 산   a _____ mountain
3. 산 아래에   at the _____ of the mountain
4. 식물의 한 종류   a _____ plant
5. 나는 네 편이야. I'm on your _____.

Picture Review

● 그림이 나타내는 단어를 <보기>에서 골라, 우리말 뜻과 함께 쓰세요.

1.
2.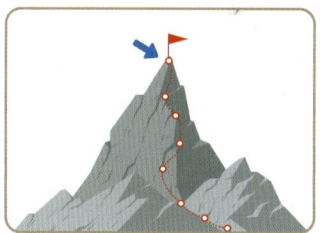
3.
4.
5.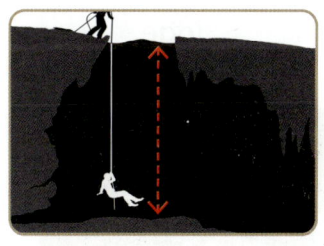
6.
7.
8.

field

top

valley

amazing

flat

wet

deep

dry

DAY 05-08 Review Test 02

A 그림을 보고, 빈칸에 들어갈 알맞은 알파벳을 쓰세요.

1.
Brit_ _ _

2.
Span_ _ _

3.
cul_ _ _ _

4.
na_ _ _ _

5.
_ _ing

6.
_ _idge

7.
_ _ay

8.
_ _aceship

9.
ca_ _ _

10.
a_ _ _ve

B 그림을 보고, 빈칸에 알맞은 단어를 넣으세요.

> travel   world   space   change   tower   Earth

1. _____
2. _____
3. _____
4. _____
5. _____
6. _____

C 우리말과 같은 뜻이 되도록 빈칸에 알맞은 단어를 넣으세요.

> holiday   country   across   deep   Nations

1. 시골로 이사 가다   move to the _____
2. 유엔, 국제 연합   the United _____
3. 국경일   a national _____
4. 깊은 계곡   a _____ valley
5. 길 맞은편에   _____ the street

D 주어진 단어와 반대의 뜻을 가진 단어를 <보기>에서 골라 쓰세요.

bottom	wet	few	below

1. many _____
2. dry _____
3. top _____
4. above _____

E 주어진 단어와 비슷한 뜻을 가진 단어/숙어를 <보기>에서 골라 쓰세요.

come from	holiday	a type of	many

1. vacation _____
2. be from _____
3. a lot of _____
4. a kind of _____

F 우리말 뜻에 알맞은 단어/숙어를 <보기>에서 골라 문장을 완성하세요.

gets warm	full of	few	Chinese

1. 당신은 중국어를 할 수 있나요?

    Can you speak _____?

2. 하늘은 별들로 가득했다.

    The sky was _____ stars.

3. 봄에는 (날씨가) 따뜻해진다.

    It _____ in spring.

4. 나무가 거의 없었다.

    There were _____ trees.

G 읽을 수 있는 단어에 체크한 후, 우리말 뜻을 빈칸에 써 보세요.

☐ world	_____		☐ space	_____
☐ country	_____		☐ Earth	_____
☐ nation	_____		☐ above	_____
☐ flag	_____		☐ below	_____
☐ from	_____		☐ across	_____
☐ culture	_____		☐ against	_____
☐ language	_____		☐ full	_____
☐ people	_____		☐ fall	_____
☐ French	_____		☐ change	_____
☐ Greek	_____		☐ away	_____
☐ holiday	_____		☐ nature	_____
☐ travel	_____		☐ amazing	_____
☐ need	_____		☐ valley	_____
☐ bring	_____		☐ field	_____
☐ carry	_____		☐ deep	_____
☐ airport	_____		☐ flat	_____
☐ arrive	_____		☐ dry	_____
☐ visit	_____		☐ wet	_____
☐ bridge	_____		☐ few	_____
☐ stay	_____		☐ kind	_____

DAY 09

Listen & Say 1 2 3

---

161 family [fǽməli]
명 가족
My **family** has six members. 우리 **가족**은 6명이다.
This is my **family** tree. 이것은 우리 집 **가계도**이다.

162 album [ǽlbəm]
명 1. 사진첩, 앨범 2. (음악) 앨범
This is my family **album**. 이것은 우리 가족 **앨범**이다.
the band's best **album** 그 밴드의 베스트 **앨범**

163 photo [fóutou]
명 사진 = photograph
a color **photo** 컬러 사진
a black-and-white **photo** 흑백 사진

164 picture [píktʃər]
명 1. 그림 2. 사진 동 그리다, 상상하다
a **picture** of my family 우리 가족의 **그림[사진]**
draw a **picture** 그림을 그리다
Picture your future. 너의 미래를 **상상해 봐**.

165 parent [pɛ́ərənt]
명 부모 (아버지나 어머니 한 사람) *복수형 parents
I'm living with my **parents**. 나는 **부모님**과 함께 살고 있다.

166 grandparent [grǽndpɛərənt]
명 조부모 (할아버지나 할머니 한 사람)
*복수형 grandparents
Tomorrow, we will visit my **grandparents**.
내일 우리는 **할머니 할아버지**를 찾아뵐 것이다.

167 husband [hʌ́zbənd]
명 남편
a good **husband** 좋은 **남편**
He is Lucy's **husband**. 그는 루시의 **남편**이다.

168 wife [waif]
명 아내
They are husband and **wife**. 그들은 **부부**이다.

169
son
[sʌn]

명 아들

This is our **son** Harry. 여기는 우리 **아들** 해리예요.
We have two **sons**. 우리는 **아들**이 둘이다.

170
daughter
[dɔ́ːtər]

명 딸

Do you have a **daughter**, too? 딸도 있으신가요?

171
uncle
[ʌ́ŋkl]

명 1. 삼촌 (외삼촌, 고모부, 이모부) 2. 아저씨

He is my **uncle**. 그 사람은 우리 **삼촌**이야.
Uncle Tom 톰 삼촌, 톰 아저씨

172
aunt
[ænt]

명 1. 고모, 이모, 숙모 2. 아줌마

She is my **aunt**. 그녀는 우리 **이모**야.
Aunt Jane 제인 이모, 제인 아줌마

173
cousin
[kʌ́zn]

명 사촌

Let me introduce my **cousins**. 내 **사촌들**을 소개할게.

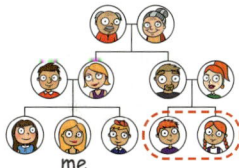

174
twin
[twin]

명 쌍둥이 (중의 한 명) *복수형 twins

They are **twins**. 그들은 **쌍둥이**이다.
Jo is my **twin** sister. 조는 내 **쌍둥이** 여동생이다.

175
same
[seim]

형 (똑)같은 명 같은 것

They are wearing the **same** dress.
그들은 똑같은 드레스를 입고 있다.
They are in the **same** class. 그들은 같은 반이다.

176
different
[dífərənt]

형 다른, 차이가 나는

They have **different** hats. 그들은 다른 모자를 쓰고 있다.
Jack is **different** from his brother.
잭은 그의 형이랑 다르다.

177
look
[luk]

동 1. ~처럼 보이다, ~인 것 같다 2. (바라)보다

The twins **looked** the same. 그 쌍둥이들은 똑같아 **보였다**.
You **look** different today. 너 오늘 달라 보인다.

178
take
[teik]

동 1. 가져가다, 데리고 가다 2. 잡다 3. (사진을) 찍다 (took–taken)

Take your umbrella with you. 우산을 가지고 가라.
I'll **take** you by car. 내가 차로 데려다 줄게.
Take my hand. 내 손을 잡아.

179
look like

~할 것 같다, ~처럼 보이다

It **looks like** rain. 비가 올 것 같다.
You **look like** your mother. 너는 너의 어머니를 닮았다.

180
take a picture

사진을 찍다 = take a photo

Can you **take a picture** of us? 저희 사진 좀 찍어 주시겠어요?
I **took a picture** of my family. 나는 우리 가족의 사진을 찍었다.

Check Up

A 각 영어 단어의 우리말 뜻을 쓰세요.

1. album _____
2. photo _____
3. parents _____
4. grandparents _____
5. son _____
6. daughter _____
7. aunt _____
8. cousin _____
9. twins _____
10. same _____
11. different _____
12. take _____

B 우리말에 맞게 빈칸에 알맞은 말을 넣으세요.

1. 컬러 사진   a color _____
2. 사진을 찍다   _____ a picture
3. 그림을 그리다   draw a _____
4. 똑같은 드레스를 입다   wear _____ dress
5. 비가 올 것 같다.   It _____ like rain.

Picture Review

● 그림이 나타내는 단어를 <보기>에서 골라, 우리말 뜻과 함께 쓰세요.

| husband |
| wife |
| photo |
| album |
| twins |
| different |
| daughter |
| cousin |

1.

2.

3.

4.

5.

6.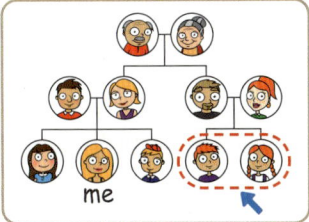

7.

8.

DAY 10

Listen & Say 1 2 3

181
person
[pə:rsn]

명 사람, 개인 *복수형 people 사람들, 국민

a very kind **person**   아주 친절한 사람
I'm not a morning **person**.   나는 아침형 인간이 아니다.
*personally 부 개인적으로, 직접

182
human
[hjú:mən]

명 인간, 사람 형 인간의, 사람의

Humans are different from animals.   인간은 동물과 다르다.
The robot looks like a **human**.   그 로봇은 사람처럼 생겼다.

183
man
[mæn]

명 1. 남자, 남성   2. (남녀 상관없이) 사람   *복수형 men

a young **man**   젊은 남자
the **men**'s room   남자 화장실

184
woman
[wúmən]

명 여자, 여성 *복수형 women

a pretty **woman**   예쁜 여자
the **women**'s room   여자 화장실

185
lady
[léidi]

명 숙녀, 부인 *복수형 ladies

a nice **lady**   멋진 숙녀

186
gentleman
[dʒéntlmən]

명 신사   *복수형 gentlemen

a nice **gentleman**   멋진 신사
Good evening, ladies and **gentlemen**.
안녕하십니까, 신사 숙녀 여러분.

187
age
[eidʒ]

명 나이, 연령

the girl's **age**   그 소녀의 나이
May I ask your **age**?   당신의 나이를 물어봐도 될까요?
a movie for all **ages**   모든 연령이 볼 수 있는 영화

188
almost
[ɔ́:lmoust]

부 거의 유 nearly 거의

She's **almost** 16 years old.   그녀는 거의 16살이다.

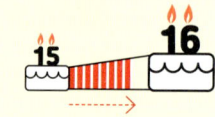

189
child
[tʃaild]

영 1. 아이, 어린이 2. 자식 *복수형 children 유 kid 아이

a sleeping **child** 잠자는 아이
She has two **children**. 그녀는 자식이 둘이다.

190
only
[óunli]

형 유일한 부 오직, 단지

Chris is our **only** child. 크리스는 우리의 외아들이다.
It's **only** 8 o'clock. 이제 겨우 8시이다.

191
teen
[tiːn]

명 십 대, 10대 유 teenager 십 대 형 십 대의 = teenage

Many **teens** like dance music.
많은 십 대들은 댄스 음악을 좋아한다.
teen boys and girls 십 대 소년 소녀들

192
adult
[ədʌ́lt]

명 어른, 성인 형 성인의, 성숙한

a movie for **adults** 성인들을 위한 영화
an **adult** lion 다 자란 사자

193
guy
[gai]

명 남자, 녀석 (비격식) *복수형 guys (남녀 상관없이) 사람들

Tommy is a good **guy**. 토미는 좋은 녀석이다.
Come on, you **guys**. Let's do it. 자, 얘들아. 해 보자.

194
hero
[híərou]

명 영웅

My father is my **hero**. 우리 아버지는 나의 영웅이다.
*superhero 명 슈퍼히어로, 슈퍼영웅

195
grow
[grou]

동 1. 자라다 2. ~해지다 (grew–grown)

He **grew** up in Chicago. 그는 시카고에서 자랐다.
grow old 나이를 먹다, 늙어 가다
*grow up 동 어른이 되다, 성장하다 *grown-up 명 어른

196
become
[bikʌ́m]

동 ~이 되다, ~해지다 (became–become)

become an adult 어른이 되다
A child **becomes** an adult. 아이는 어른이 된다.

DAY 10

197
care
[kɛər]

⟨명⟩ 돌봄, 보살핌 ⟨동⟩ 1. 돌보다 2. 신경 쓰다
Babies need **care**. 아기들은 보살핌이 필요하다.
I don't **care**. 난 신경 안 쓴다. / 알 게 뭐야.

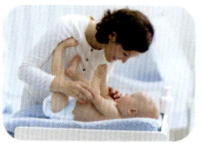

198
try
[trai]

⟨동⟩ 1. 노력하다, 애쓰다 2. 시도하다 ⟨명⟩ 시도
Try harder. 더 열심히 노력해라.
Give it a **try**. 한번 시도해 봐라.

199
take care of

~을 돌보다, ~을 보살피다   = care for
Parents **take care of** their children. 부모들은 그들의 자식들을 돌본다.
Please **take care of** our Earth. 우리의 지구를 소중히 해 주세요.

200
try to + 동사

~하기 위해 노력하다
I **try to** get up early. 나는 일찍 일어나기 위해 노력한다.
He **tried to** help you. 그는 너를 돕기 위해 노력했어.

Check Up

A 각 영어 단어의 우리말 뜻을 쓰세요.

1. person _____   2. human _____
3. lady _____   4. gentleman _____
5. age _____   6. almost _____
7. only _____   8. teen _____
9. adult _____   10. hero _____
11. grow _____   12. take care of _____

B 우리말에 맞게 빈칸에 알맞은 말을 넣으세요.

1. 여자 화장실   the _____ room
2. 나이를 먹다, 늙어 가다   _____ old
3. 어른이 되다   _____ an adult
4. 네 여동생을 잘 돌봐라.   Take _____ your sister.
5. 나는 일찍 자려고 노력한다. I _____ go to bed early.

Picture Review

● 그림이 나타내는 단어를 <보기>에서 골라, 우리말 뜻과 함께 쓰세요.

1.

2.

3.

4.

5.

6.

7.

8.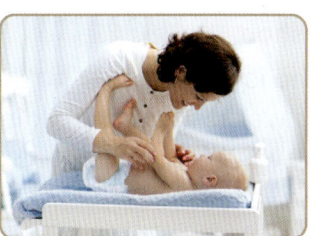

| child |
| woman |
| man |
| adult |
| teen |
| become |
| care |
| hero |

DAY 11

Listen & Say 1 2 3

201
voice
[vɔis]

몡 목소리, 음성

Jane has a beautiful **voice**. 제인은 아름다운 **목소리**를 갖고 있다.
I can hear your **voice**. 너의 **목소리**가 들려.

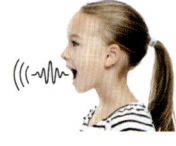

202
hair
[hɛər]

몡 머리(카락), 털

The girl has long **hair**. 그 소녀는 **머리**가 길다.
thick **hair** 숱이 많은 머리

203
round
[raund]

혭 둥근, 원형의

have a **round** face **둥근** 얼굴을 가졌다(얼굴이 둥글다)

204
dark
[dɑːrk]

혭 1. 어두운 2. 짙은 몡 어둠

She has **dark** brown eyes. 그녀는 **짙은** 갈색 눈을 갖고 있다.

205
style
[stail]

몡 1. (옷 등의) 스타일, 모양 2. 방식

She has a good **style**. 그녀는 **스타일**이 좋다.
That's not my **style**. 그것은 내 **스타일**이 아니다.
*stylish 혭 유행을 따른, 멋진

206
fashion
[fǽʃən]

몡 패션, 유행

Long skirts are in **fashion**. 긴 치마가 **유행**이다.
I like her **fashion** style. 나는 그녀의 **패션** 스타일을 좋아한다.
*fashionable 혭 유행하는

207
tall
[tɔːl]

혭 키가 큰, (건물이) 높은 *tall**er**(더 큰, 더 높은) – tall**est**(가장 큰, 가장 높은)
빤 short 키가 작은, 짧은
Who is **taller**? 누가 더 크니?
the world's **tallest** building 세계에서 가장 높은 빌딩

208
slim
[slim]

혭 날씬한 *slim**mer**(더 날씬한) – slim**mest**(가장 날씬한)
빤 fat 뚱뚱한
tall and **slim** 키가 크고 날씬한
She was **slimmer** before. 그녀는 전에는 더 **날씬했**다.

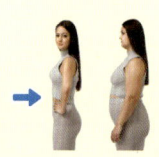

학습일: 월 일

209
than
[ðæn]

쩁쩐 ~보다 (더)

Tom was taller **than** me. 톰은 나**보다** 키가 컸었다.
He is shorter **than** me now. 그는 이제는 나**보다** 작다.

210
more
[mɔːr]

부 더 형 더 많은

more beautiful   더 아름다운
Snow White is **more** beautiful than you.
백설공주가 당신보다 **더** 아름답다.
I need a little **more** time. 나는 시간이 조금 **더** 필요하다.

211
strong
[strɔːŋ]

형 1. 강한, 튼튼한   2. (농도가) 진한   반 weak 약한

John is a big, **strong** man. 존은 크고 **강한** 사람이다.
strong coffee   **진한** 커피

212
image
[ímidʒ]

명 이미지, 인상, 모습

He has a strong **image**. 그는 강한 **인상**을 갖고 있다.
He's the **image** of his father. 그는 그의 아버지를 **닮았다**.

213
any
[éni]

형 1. 어느 (누구라도), 어떤 (하나라도)
    2. (부정문에서) 아무도, 아무것도

Do you have **any** questions? (어떤 거라도) 질문이 있으신가요?
I don't have **any** brothers. 나는 형제가 **아무도** 없다.

214
none
[nʌn]

대 아무도, 하나도 (~ 않다)   반 all 모든; 다, 모두

None of the kids is fat. 아이들 중 **아무도** 뚱뚱하지 않다.

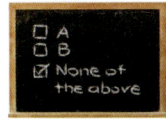

215
each
[iːtʃ]

형 각각의, 각자의 대 각각, 각자

Each child is different. **각각의** 아이들은 다 다르다.
Each has a different style. **각자** 다른 스타일을 가지고 있다.

216
some
[sʌm]

대 몇몇, 일부 형 일부의, 어떤

Some of the children have brown hair.
몇몇 아이들은 갈색 머리를 갖고 있다.

DAY 11   55

217
gain
[gein]

동 1. 얻다, 획득하다   유 get 얻다   2. (체중 등을) 늘리다

gain popularity   인기를 얻다

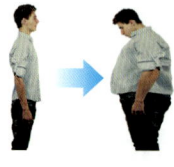

218
weight
[weit]

명 무게, 체중

gain **weight** 몸무게가 늘다(살이 찌다)
Oh, no! I gained **weight**.   어떡해! 나 몸무게가 늘었어(살이 쪘어).
You didn't gain **weight**!   너 살찌지 않았어(뭐가 쪘어)!
*weigh 동 무게[체중]가 ~이다

219
each other

서로   = one another

We love **each other**.   우리는 서로 사랑한다.
You need to help **each other**.   너희들은 서로 도와야 한다.

220
none of

~ 중 아무도 (~ 아니다)

None of the girls has short hair.   소녀들 중 아무도 짧은 머리가 없다.
None of them looks happy.   그들 중 누구도 행복해 보이지 않는다.

Check Up

A 각 영어 단어의 우리말 뜻을 쓰세요.

1. voice _____   2. hair _____
3. style _____   4. fashion _____
5. tall _____   6. slim _____
7. than _____   8. image _____
9. each _____   10. some _____
11. gain _____   12. each other _____

B 우리말에 맞게 빈칸에 알맞은 말을 넣으세요.

1. 세계에서 가장 높은 산   the world's _____ mountain
2. 더 아름다운   _____ beautiful
3. 형제가 아무도 없다   don't have _____ brothers
4. 살이 찌다   _____ weight
5. 아이들 중 아무도 뚱뚱하지 않다.   _____ of the kids is fat.

Picture Review

● 그림이 나타내는 단어를 <보기>에서 골라, 우리말 뜻과 함께 쓰세요.

1.

2.

3.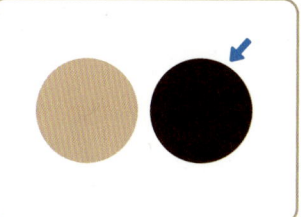

4.

dark
slim
hair
round
fashion
weight
strong
each

5.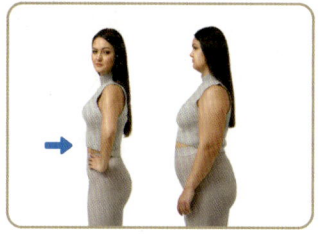

6.

7.

8.

DAY 12

Listen & Say 1 2 3

221
friendly
[fréndli]

(형) 친절한, 우호적인   (유) kind 친절한
warm and **friendly** people 따뜻하고 **친절한** 사람들

222
gentle
[dʒentl]

(형) 부드러운, 온화한, 정중한
He is sweet and **gentle**. 그는 다정하고 **부드럽다**.
a quiet and **gentle** man 조용하고 **온화한** 남자
*gentleman (명) 신사

223
polite
[pəláit]

(형) 예의 바른, 공손한
a **polite** child **예의 바른** 아이
She is very **polite**. 그녀는 아주 **예의가** 바르다.

224
rude
[ruːd]

(형) 무례한, 버릇없는
He is **rude** to everyone. 그는 누구에게나 **무례하다**.
Don't be so **rude** to her. 그녀에게 그렇게 **버릇없게** 굴지 마라.

225
brave
[breiv]

(형) 용감한, 용기 있는
brave firefighters **용감한** 소방관들
Be **brave**. 용기를 내.

226
afraid
[əfréid]

(형) 두려워하는, 겁내는   (유) scared 무서워하는
Don't be **afraid**. 겁내지 마라.
I'm **afraid** of spiders. 나는 거미가 **무섭다**.

227
quietly
[kwáiətli]

(부) 조용히, 침착하게
speak **quietly** 조용히 말하다
Walk **quietly** in the hallways. 복도에서 **조용히** 걸어라.
*quiet (형) 조용한

228
loudly
[láudli]

(부) 크게, 시끄럽게
speak **loudly** 크게(큰 소리로) 말하다
*loud (형) 시끄러운

229
clever [klévər]

(형) 영리한, 약삭빠른 (유) smart 똑똑한

a **clever** girl 영리한 소녀
What a **clever** girl! 얼마나 **영리한** 소녀인지!

230
wise [waiz]

(형) 현명한, 지혜로운

a **wise** man 현명한 사람
*wisdom (명) 현명함, 지혜

231
foolish [fúːliʃ]

(형) 어리석은, 바보 같은

It was a **foolish** mistake. 그것은 바보 같은 실수였다.
*fool (명) 바보 (동) 속이다

232
stupid [stjúːpid]

(형) 어리석은, 멍청한

Don't be **stupid**. 어리석게 굴지 마라.
I'm not **stupid**. 나는 멍청하지 않아.

233
silly [síli]

(형) 바보 같은, 우스꽝스러운, 유치한

Don't be so **silly**. 그렇게 바보 같이 굴지 마.
Stop asking **silly** questions. 바보 같은 질문 좀 그만해.

234
lazy [léizi]

(형) 게으른

What a **lazy** boy! 얼마나 게으른 소년인지!
He was so **lazy**. 그는 너무 게을렀다.

235
curious [kjúəriəs]

(형) 호기심이 많은, 궁금한

Lisa is a **curious** girl. 리사는 호기심이 많은 소녀이다.
She was **curious** about everything. 그녀는 모든 것이 **궁금했다**.
*curiosity (명) 호기심

236
humorous [hjúːmərəs]

(형) 재미있는, 유머가 있는 (유) funny 재미있는

She was also **humorous**. 그녀는 또한 유머가 있었다.
*humor (명) 유머

237
honest
[ánist]

형 정직한, 솔직한

You are an **honest** boy. 너는 정직한 소년이다.
You were always **honest**. 너는 늘 솔직했다.
*honestly 부 솔직히, 정말로

238
careful
[kéərfəl]

형 조심하는, 주의 깊은, 신중한

Be **careful**! 조심해!
He is a **careful** man. 그는 신중한 사람이다.
*care 동 돌보다, 조심하다

239
be afraid of

~을 두려워하다, ~을 무서워하다

I'm **afraid of** dogs. 난 개들이 무섭다.
Harry **is afraid of** bugs. 해리는 벌레를 무서워한다.

240
to be honest

솔직히 (말하자면) = honestly

To be honest, I don't like him. 솔직히, 나는 그를 좋아하지 않는다.
To be honest, it was not funny. 솔직히 말하면, 그것은 재미없었다.

Check Up

A 각 영어 단어의 우리말 뜻을 쓰세요.

1. friendly _____
2. gentle _____
3. polite _____
4. rude _____
5. quietly _____
6. loudly _____
7. clever _____
8. wise _____
9. stupid _____
10. silly _____
11. honest _____
12. careful _____

B 우리말에 맞게 빈칸에 알맞은 말을 넣으세요.

1. 예의 바른 아이 — a _____ child
2. 고양이를 무서워하다 — be _____ cats
3. 조용히 말하다 — speak _____
4. 호기심이 많은 소녀 — a _____ girl
5. 솔직히, 그것은 맛이 없었다. — To _____, it was not delicious.

Picture Review

● 그림이 나타내는 단어를 <보기>에서 골라, 우리말 뜻과 함께 쓰세요.

1.

2.

3.

4.

| clever |
| brave |
| afraid |
| lazy |
| foolish |
| humorous |
| curious |
| careful |

5.

6.

7.

8.

Review Test 03

DAY 09-12

A 그림을 보고, 빈칸에 들어갈 알맞은 알파벳을 쓰세요.

1.
pa＿＿＿＿s

2.
diffe＿＿＿＿＿

3.
wo＿＿＿

4.
gentle＿＿＿

5.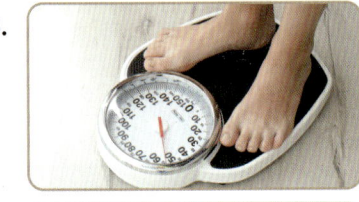
w＿＿＿＿t

6.
d＿＿＿＿ter

7.
＿＿yle

8.
＿＿upid

9.
humor＿＿＿

10.
curi＿＿＿

B 그림을 보고, 빈칸에 알맞은 단어를 넣으세요.

friendly   loudly   brave   care   album   polite

1. album
2. care
3. friendly
4. loudly
5. polite
6. brave

C 우리말과 같은 뜻이 되도록 빈칸에 알맞은 단어/숙어를 넣으세요.

foolish   photo   teen   afraid of   each other

1. 흑백 사진 — a black-and-white _____
2. 십 대 소년 소녀들 — _____ boys and girls
3. 서로 돕다 — help _____
4. 벌레를 무서워하다 — be _____ bugs
5. 바보 같은 실수 — a _____ mistake

D 주어진 단어와 반대의 뜻을 가진 단어를 <보기>에서 골라 쓰세요.

| wife | rude | stupid | lady |

1. husband _____
2. gentleman _____
3. polite _____
4. wise _____

E 주어진 단어와 비슷한 뜻을 가진 단어를 <보기>에서 골라 쓰세요.

| friendly | silly | wise | photo |

1. picture _____
2. kind _____
3. clever _____
4. foolish _____

F 우리말 뜻에 알맞은 단어/숙어를 <보기>에서 골라 문장을 완성하세요.

| take | take a picture | different from | any questions |

1. 잭은 그의 형이랑 다르다.

   Jack is _____ his brother.

2. 내가 차로 데려다 줄게.

   I will _____ you by car.

3. 저희 사진 좀 찍어 주시겠어요?

   Can you _____ of us?

4. 질문이 있으신가요?

   Do you have _____ ?

G 읽을 수 있는 단어에 체크한 후, 우리말 뜻을 빈칸에 써 보세요.

- [ ] photo _____
- [ ] parents _____
- [ ] grandparents _____
- [ ] husband _____
- [ ] wife _____
- [ ] daughter _____
- [ ] cousin _____
- [ ] twin _____
- [ ] same _____
- [ ] different _____
- [ ] person _____
- [ ] human _____
- [ ] woman _____
- [ ] age _____
- [ ] only _____
- [ ] teen _____
- [ ] adult _____
- [ ] hero _____
- [ ] become _____
- [ ] try _____

- [ ] voice _____
- [ ] hair _____
- [ ] round _____
- [ ] dark _____
- [ ] style _____
- [ ] slim _____
- [ ] image _____
- [ ] each _____
- [ ] gain _____
- [ ] weight _____
- [ ] friendly _____
- [ ] gentle _____
- [ ] polite _____
- [ ] rude _____
- [ ] brave _____
- [ ] clever _____
- [ ] wise _____
- [ ] stupid _____
- [ ] honest _____
- [ ] careful _____

DAY 13

Listen & Say 1 2 3

241
house
[haus]

명 집, 주택 유 home 집, 가정

I live in a **house**. 나는 **주택**에 살고 있다.
build a tree **house** 트리 **하우스**(나무 위의 집)를 짓다

242
apartment
[əpáːrtmənt]

명 아파트

John lives in an **apartment**.
존은 **아파트**에 산다.

243
gate
[geit]

명 1. 출입문, 대문 2. (공항의) 탑승구

open the **gate** **대문**을 열다
Let's meet at **gate** 16. 16번 **탑승구**에서 만나자.

244
garage
[gəráːdʒ]

명 차고

a house with a large **garage** 넓은 **차고**가 있는 집

245
show
[ʃou]

동 1. 보여 주다 2. 안내하다 명 쇼, 전시회

Let me **show** you around. 제가 **안내해** 드릴게요.
a dog **show** 애견 **대회**

246
into
[íntu]

전 1. ~ 안으로, (~ 방향)으로 2. ~로 (되다)

go **into** a room 방**으로** 들어가다
move **into** a new house 새 집**으로** 이사하다
change **into** ice 얼음**으로** 변하다

247
part
[pɑːrt]

명 부분, 일부

paint a **part** of a fence 울타리 **일부**를 페인트칠하다
the best **part** of the house 그 집에서 가장 좋은 **부분**

248
neighbor
[néibər]

명 이웃, 이웃 사람

say hello to my new **neighbors**
나의 새 **이웃**들에게 인사하다

249
lock
[lɑk]

⑧ (자물쇠로) 잠그다 ⑨ 자물쇠, 잠금 장치

lock a door 문을 잠그다
Did you **lock** the door? 문 잠갔니?
lock and key 자물쇠와 열쇠

250
unlock
[ənlák]

⑧ (열쇠로) 열다, 잠금 해제를 하다 ㉨ open 열다

unlock a door 문을 열다
He **unlocked** the front door. 그는 현관문을 열었다.

251
lucky
[láki]

⑨ 운이 좋은, 행운의

It was a **lucky** day. 운이 좋은 날이었다.
7 is my **lucky** number. 7은 나의 행운의 숫자이다.
*luck ⑨ 운

252
unlucky
[ʌnláki]

⑨ 운이 나쁜, 불행한, 불길한

It was an **unlucky** day. 운이 나쁜(재수 없는) 날이었다.
13 is an **unlucky** number in some countries.
어떤 나라에서는 13은 불길한 숫자이다.

253
floor
[flɔːr]

⑨ 1. (실내의) 바닥 2. (건물의) 층

clean the **floor** 바닥을 청소하다
the upper **floor** 위층

254
stair
[stɛər]

⑨ 1. (-s) 계단, 층계 2. (계단의) 한 단

go up the **stairs** 계단을 올라가다

255
double
[dʌbl]

⑨ 1. 이중의, 2인용의 2. (양이나 수가) 두 배의

open the **double** doors 이중문(쌍여닫이문)을 열다
a **double** bed 더블(2인용) 침대
*single ⑨ 단 하나의, 혼자의

256
hang
[hæŋ]

⑧ 걸다, 매달다 (hung-hung)

hang a picture on a wall 벽에 그림을 걸다
Hang your coat on the hook. 네 코트를 옷걸이에 걸어라.

257
furniture
[fə́ːrnitʃər]

명 가구

There was a lot of **furniture** in the room.
방에 **가구**가 많았다.

258
mirror
[mírə(r)]

명 거울

an oval **mirror**   타원형 거울
I looked in the **mirror**.   나는 거울을 들여다보았다.

259
show up

(예정된 곳에) 나타나다, 모습을 보이다

She **showed up** late.   그녀는 늦게 나타났다.
He didn't **show up**.   그는 나타나지 않았다.

260
go upstairs

위층으로 올라가다   반 **go downstairs** 아래층으로 내려가다

Let's **go upstairs**.   위층으로 올라가자.
She **went upstairs**.   그녀는 위층으로 올라갔다.

Check Up

A 각 영어 단어의 우리말 뜻을 쓰세요.

1. gate _____   2. garage _____
3. part _____   4. neighbor _____
5. unlock _____ 6. lucky _____
7. unlucky _____ 8. floor _____
9. stairs _____ 10. double _____
11. hang _____   12. furniture _____

B 우리말에 맞게 빈칸에 알맞은 말을 넣으세요.

1. 새 집으로 이사하다   move _____ a new house
2. 문을 잠그다   _____ a door
3. 문을 열다   _____ a door
4. 늦게 나타나다   _____ late
5. 위층으로 올라가자.   Let's go _____ .

Picture Review

● 그림이 나타내는 단어를 <보기>에서 골라, 우리말 뜻과 함께 쓰세요.

1.

2.

3.

4.

5.

6.

7.

8.

gate

house

apartment

stairs

mirror

neighbor

hang

furniture

DAY 14

Listen & Say 1 2 3

261
every
[évri]

[형] 1. 모든, 하나하나 다 2. 매~, ~마다 [유] **each** 각각의

Every kid likes it. 모든 아이들이 그것을 좋아한다.
play soccer **every** day 매일 축구를 하다
*everyone [명] 모든 사람, 모두 *everything [명] 모든 것

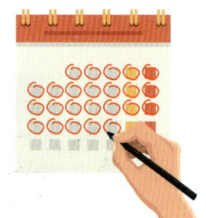

262
everyday
[évridei]

[형] 매일의, 일상적인 [유] **daily** 매일의

everyday clothes 평상복

263
life
[laif]

[명] 1. 인생, 삶 2. 생명, 목숨

everyday life 일상생활
a long **life** 장수

264
death
[deθ]

[명] 죽음, 사망 [반] **birth** 탄생

life and **death** 삶과 죽음, 생과 사

265
habit
[hǽbit]

[명] 버릇, 습관

have a bad **habit** 나쁜 버릇을 갖고 있다
become a **habit** 습관이 되다

266
lie
[lai]

[동] 1. 눕다, 누워 있다(lay-lain) 2. 거짓말하다(lied-lied)

Don't **lie** on the sofa. 소파에 눕지 마라.
They were **lying** on the snow. 그들은 눈 위에 누워 있었다.
Don't **lie** to me! 내게 거짓말하지 마!

267
early
[ə́ːrli]

[형] 이른, 빠른 [부] 빨리, 일찍

the **early** morning 이른 아침
The bus came **early**. 버스가 빨리 왔다.

268
late
[leit]

[형] 늦은 [부] 늦게

in the **late** afternoon 늦은 오후에
a habit of going to sleep **late** 늦게 자는 버릇

269
hurry
[hə́ːri]

⑧ 서두르다, 급히 하다
Don't **hurry**. 서둘지 마라.
Hurry up! 서둘러!

270
if
[if]

㉥ (만약) ~라면, ~의 경우에는
Hurry up **if** you want to catch the train.
그 기차를 타고 싶다**면** 서둘러라.
Let's go camping **if** the weather's good.
날씨가 좋다**면** 캠핑 가자.

271
leave
[liːv]

⑧ 1. 떠나다, 출발하다   2. 그대로 두다 (left–left)
I **leave** home at eight. 나는 8시에 집을 나선다.
Leave the door open, please. 문을 그대로 열어 두세요.

272
return
[ritə́ːrn]

⑧ 1. 돌아오다[가다]   2. 돌려주다, 반납하다
When you **return** home, what do you do?
집에 **돌아오면** 너는 무엇을 하니?
return books to the library   도서관에 책을 **반납하다**

273
always
[ɔ́ːlweiz]

㉓ 항상, 늘
I **always** do my homework. 나는 **항상** 숙제를 한다.

274
usually
[júːʒuəli]

㉓ 보통, 대개
I **usually** watch TV. 나는 **대개** TV를 본다.
I **usually** walk my dog. 나는 **대개** 우리 개를 산책시킨다.

275
often
[ɔ́ːfən]

㉓ 자주, 종종   ㉤ **frequently** 자주
She **often** goes to the swimming pool.
그녀는 **종종** 수영장에 간다.

276
sometimes
[sʌ́mtàimz]

㉓ 때때로, 가끔
She **sometimes** goes shopping. 그녀는 **가끔** 쇼핑을 간다.
She **sometimes** rides her bicycle. 그녀는 **가끔** 자전거를 탄다.

277
never
[névər]

⟨부⟩ 절대[한 번도] ~ 않다

I **never** get up early on Sundays.
일요일에 나는 **절대** 일찍 일어나지 **않는다**.
Never be late again. **절대** 다시는 늦지 **마라**.

278
lesson
[lesn]

⟨명⟩ 수업, 교습, 레슨

take a piano **lesson** 피아노 레슨을 받다
I have piano **lessons** on Mondays.
나는 월요일에(월요일마다) 피아노 **레슨**이 있다.

279
do one's best

최선을 다하다

I always **do my best**. 나는 항상 최선을 다한다.
She always **does her best**. 그녀는 항상 최선을 다한다.

280
have to

~해야 한다

You **have to** hurry up. 너는 서둘러야 한다.
You always **have to** do your best. 너는 언제나 최선을 다해야 한다.

Check Up

A 각 영어 단어의 우리말 뜻을 쓰세요.

1. everyday _____
2. life _____
3. habit _____
4. lie _____
5. hurry _____
6. if _____
7. leave _____
8. always _____
9. usually _____
10. sometimes _____
11. never _____
12. have to _____

B 우리말에 맞게 빈칸에 알맞은 말을 넣으세요.

1. 일상생활 everyday _____
2. 나쁜 버릇을 갖고 있다 have a bad _____
3. 서둘러야 한다 have to _____ up
4. 피아노 레슨을 받다 take a piano _____
5. 나는 항상 최선을 다한다. I always do _____.

Picture Review

● 그림이 나타내는 단어를 <보기>에서 골라, 우리말 뜻과 함께 쓰세요.

1.
2.
3.
4.
5.
6.
7.
8.

death
life
hurry
lie
usually
often
leave
return

DAY 15

Listen & Say 1 2 3

281
meal
[miːl]

명 식사, 끼니

a hot **meal** 따뜻한 식사
have three **meals** a day 하루 세 끼를 먹다

282
diet
[dáiət]

명 1. 식사, 음식 2. 다이어트

have a healthy **diet** 건강한 식사를 하다
She is on a **diet**. 그녀는 다이어트 중이다.

283
breakfast
[brékfəst]

명 아침 식사

have **breakfast** 아침 식사를 하다
had **breakfast** 아침 식사를 했다

284
lunch
[lʌntʃ]

명 점심 식사

eat a light **lunch** 가벼운 점심을 먹다
ate **lunch** 점심을 먹었다

285
dinner
[dínər]

명 저녁 식사, 만찬

It's time for **dinner**. 저녁 먹을 시간이다.
Did you have **dinner**? 저녁 먹었니?

286
dessert
[dizə́ːrt]

명 디저트, 후식

many kinds of **desserts** 많은 종류의 디저트
What kind of **dessert** do you like?
넌 어떤 종류의 디저트를 좋아하니?

287
soup
[suːp]

명 수프

make chicken **soup** 닭고기 수프를 만들다

288
salad
[sǽləd]

명 샐러드

Mom made fruit **salad**. 엄마는 과일 샐러드를 만들었다.

289
cup
[kʌp]

명 컵, 잔

a **cup** of water 물 한 **컵**
a **cup** of tea 차 한 **잔**

290
piece
[piːs]

명 (한) 조각, 한 개

a **piece** of cake 케이크 한 **조각**
two **pieces** of candy 사탕 두 **개**

291
egg
[eg]

명 1. 달걀 2. (조류·곤충 등의) 알

He has bacon and **eggs** for breakfast.
그는 아침으로 베이컨과 **달걀**을 먹는다.

292
meat
[miːt]

명 고기, 육류

red **meat** 붉은색 **고기** (소, 양, 돼지고기 등)
Jenny doesn't eat **meat**. 제니는 **육류**를 먹지 않는다.

293
beef
[biːf]

명 소고기

a piece of roast **beef** 구운 **소고기** 한 조각
Would you like **beef** or chicken?
소고기로 하시겠어요, 닭고기로 하시겠어요?

294
pork
[pɔːrk]

명 돼지고기

I had a **pork** cutlet for lunch.
나는 점심으로 **포크** 커틀릿(돈까스)을 먹었다.

295
steak
[steik]

명 스테이크

a nice **steak** restaurant 멋진 **스테이크** 식당
He made **steak** for her. 그는 그녀에게 **스테이크**를 만들어 주었다.

296
spaghetti
[spəgéti]

명 스파게티

She loves **spaghetti** so much.
그녀는 **스파게티**를 정말로 좋아한다.

297
watermelon
[wɔ́tərmèlən]

명 수박

My favorite fruit is **watermelon**.
내가 제일 좋아하는 과일은 **수박**이다.

298
grape
[greip]

명 포도 (한 알)　*복수형 **grapes**

a bunch of **grapes**　포도 한 송이
Her favorite fruit is **grapes**.　그녀가 제일 좋아하는 과일은 **포도**이다.

299
how to

~하는 방법

how to cook roast beef　로스트 비프 만드는 법
learn **how to** swim　수영하는 법을 배우다

300
fast food

패스트푸드　반 **slow food** 슬로푸드

a **fast-food** restaurant　패스트푸드점[식당]
How often do you eat **fast food**?　너는 얼마나 자주 **패스트푸드**를 먹니?

Check Up

A 각 영어 단어의 우리말 뜻을 쓰세요.

1. meal _____
2. diet _____
3. breakfast _____
4. dinner _____
5. dessert _____
6. soup _____
7. piece _____
8. meat _____
9. beef _____
10. pork _____
11. watermelon _____
12. grape _____

B 우리말에 맞게 빈칸에 알맞은 말을 넣으세요.

1. 하루 세 끼를 먹다　　have three _____ a day
2. 다이어트 중이다　　be on a _____
3. 많은 종류의 디저트　　many kinds of _____
4. 케이크 한 조각　　a _____ of cake
5. 요리하는 법　　_____ cook

Picture Review

● 그림이 나타내는 단어를 <보기>에서 골라, 우리말 뜻과 함께 쓰세요.

1.

2.

3.

4.

| piece |
| dinner |
| dessert |
| fast food |
| egg |
| spaghetti |
| meat |
| steak |

5.

6.

7.

8.

DAY 16

Listen & Say 1 2 3

301
basic
[béisik]

® 기본적인, 기초적인 ® (-s) 기본, 기초
5 **basic** cooking skills 다섯 가지 **기본적인** 요리 스킬
the **basics** of cooking 요리의 **기본**
*base ® 기초, 토대

302
recipe
[résəpi]

® 조리법, 레시피
a **recipe** for chicken soup 닭고기 수프 **조리법**

303
must
[mʌst]

® 1. (반드시) ~해야 한다 2. ~임에 틀림없다
Before cooking, you **must** wash your hands.
요리하기 전에 꼭 손을 씻어야 한다.
You **must** be hungry. 너 배가 고프겠구나.

304
focus
[fóukəs]

® 집중하다, 초점을 맞추다 ® 초점
You should **focus** on the recipe.
너는 조리법에 **집중해**야 한다.
the **focus** of a lens 렌즈의 **초점**

305
maybe
[méibiː]

® 어쩌면, 아마
Maybe this will help you.
어쩌면 이게 너를 도와줄 거다.

306
might
[mait]

® ~일지도 모른다, ~일 수도 있다
It **might** help you. 이게 너에게 도움이 될**지도 모른다**.

307
oil
[ɔil]

® 1. 기름, 식용유 2. 석유
You need some olive **oil**. 올리브 **오일**이 좀 필요하다.
engine **oil** 엔진 오일

308
sauce
[sɔːs]

® 소스
You need some tomato **sauce**. 토마토 **소스**가 좀 필요하다.
a recipe for white **sauce** 화이트 **소스** 조리법

309
sugar
[ʃúgər]

명 설탕

a **sugar** bowl 설탕 그릇
Add a spoon of **sugar**. 설탕 한 스푼을 넣어라.
*sweet 형 단, 달콤한

310
salt
[sɔːlt]

명 소금

salt and pepper 소금과 후추
Add a spoon of **salt** to the water. 물에 소금 한 스푼을 넣어라.
*salty 형 짠

311
boil
[bɔil]

동 1. 끓다; 끓이다 2. 삶다, 데치다

The water is **boiling**. 물이 끓고 있다.
I **boiled** some potatoes for dinner.
나는 저녁을 위해 감자를 몇 개 삶았다.

312
burn
[bəːrn]

동 1. (불에) 타다; 태우다 2. (햇볕 등에) 타다

Don't **burn** the meat. 고기를 태우지 마라.
Put on sunblock, or you'll **burn**.
선크림을 발라라, 그렇지 않으면 햇빛에 타게 될 거다.

313
ready
[rédi]

형 준비가 (다) 된

Dinner's **ready**! 저녁 다 됐다(저녁 먹어)!
We are **ready** to eat. 우리는 먹을 준비가 됐다.

314
hope
[houp]

동 바라다, 희망하다 명 희망

I **hope** you like it. 네가 그걸 좋아하길 바래.
I **hope** to see you again. 당신을 다시 볼 수 있길 바랍니다.

315
one
[wʌn]

명형 하나(의) (여러 개 중 아무거나 하나) 대 (앞서 언급한) 그것

I have three apples. You can take **one**.
내게는 사과가 세 개 있어. 네가 하나 가져도 돼.
I like this **one**. 난 이것이 좋아.

316
another
[ənʌ́ðər]

형 또 다른 하나의 대 또 하나의 것

Would you like **another** cookie? 쿠키 하나 더 드시겠어요?
May I have **another**? 하나 더 먹어도 될까요?

317
fresh [freʃ]

혱 1. 신선한 2. 갓 만든

fresh fruits and vegetables 신선한 과일과 채소
fresh milk 신선한 우유

318
coffee [kɔ́:fi]

명 커피

a cup of **coffee** 커피 한 잔
Two black **coffees**, please. 블랙 커피 두 잔 주세요.

319
one another

서로(서로) = each other

We always help **one another**. 우리는 항상 서로서로 돕는다.

320
be ready for + 명사

~할 준비가 되다 = be ready to + 동사

I'm **ready for** school. 나는 학교에 갈 준비가 됐다.
Are you **ready for** the party? 파티 할 준비가 되었니?

Check Up

A 각 영어 단어의 우리말 뜻을 쓰세요.

1. basic _____   2. recipe _____
3. must _____   4. focus _____
5. maybe _____   6. might _____
7. boil _____   8. burn _____
9. ready _____   10. hope _____
11. another _____ 12. coffee _____

B 우리말에 맞게 빈칸에 알맞은 말을 넣으세요.

1. 다섯 가지 기본적인 요리 스킬   5 _____ cooking skills
2. 닭고기 수프 조리법   a _____ for chicken soup
3. 서로 돕다   help one _____
4. 먹을 준비가 되다   be _____ to eat
5. 학교에 갈 준비가 되었니?   Are you ready _____ school?

80

Picture Review

● 그림이 나타내는 단어를 <보기>에서 골라, 우리말 뜻과 함께 쓰세요.

1.

2.

| focus |
| recipe |
| sauce |
| salt |
| oil |
| burn |
| fresh |
| boil |

3.

4.

5.

6.

7.

8.

DAY 13-16 Review Test 04

A 그림을 보고, 빈칸에 들어갈 알맞은 알파벳을 쓰세요.

1.
neigh＿＿＿

2.
mi＿＿＿＿

3.
dea＿＿

4.
ano＿＿＿＿

5.
spaghe＿＿＿

6.
co＿＿＿＿＿

7.
pie＿＿

8.
sau＿＿

9.
ear＿＿

10.
hu＿＿＿

B 그림을 보고, 빈칸에 알맞은 단어를 넣으세요.

> double   furniture   garage   fresh   lesson   meal

1. _____
2. _____
3. _____
4. _____
5. _____
6. _____

C 우리말과 같은 뜻이 되도록 빈칸에 알맞은 단어/숙어를 넣으세요.

> how to   stairs   do   ready for   diet

1. 계단을 올라가다   go up the _____
2. 나의 최선을 다하다   _____ my best
3. 수영하는 법을 배우다   learn _____ swim
4. 건강한 식사를 하다   have a healthy _____
5. 파티 할 준비가 되다   be _____ the party

D 주어진 단어와 반대의 뜻을 가진 단어를 <보기>에서 골라 쓰세요.

| death | return | unlock | unlucky |

1. lock _____   2. lucky _____
3. life _____   4. leave _____

E 주어진 단어와 비슷한 뜻을 가진 단어/숙어를 <보기>에서 골라 쓰세요.

| one another | must | hope | meal |

1. breakfast _____   2. each other _____
3. wish _____   4. have to _____

F 우리말 뜻에 알맞은 단어/숙어를 <보기>에서 골라 문장을 완성하세요.

| his | another | beef or pork | kind of dessert |

1. 그는 항상 최선을 다한다.

   He always does _____ best.

2. 넌 어떤 종류의 디저트를 좋아하니?

   What _____ do you like?

3. 소고기로 하시겠어요, 돼지고기로 하시겠어요?

   Would you like _____?

4. 쿠키 하나 더 드시겠어요?

   Would you like _____ cookie?

G 읽을 수 있는 단어에 체크한 후, 우리말 뜻을 빈칸에 써 보세요.

☐	gate	_____	☐ meal	_____
☐	show	_____	☐ diet	_____
☐	neighbor	_____	☐ breakfast	_____
☐	unlock	_____	☐ dinner	_____
☐	unlucky	_____	☐ dessert	_____
☐	floor	_____	☐ meat	_____
☐	stairs	_____	☐ beef	_____
☐	double	_____	☐ pork	_____
☐	hang	_____	☐ steak	_____
☐	furniture	_____	☐ grape	_____
☐	everyday	_____	☐ basic	_____
☐	life	_____	☐ recipe	_____
☐	death	_____	☐ focus	_____
☐	habit	_____	☐ oil	_____
☐	lie	_____	☐ sugar	_____
☐	hurry	_____	☐ boil	_____
☐	if	_____	☐ burn	_____
☐	leave	_____	☐ ready	_____
☐	return	_____	☐ hope	_____
☐	sometimes	_____	☐ another	_____

DAY 17

Listen & Say 1 2 3

321
body
[bádi]

명 몸, 신체

have a strong and healthy **body** 튼튼하고 건강한 **몸**을 가지다
the human **body** 인체

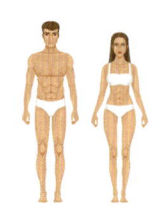

322
mind
[maind]

명 마음, 정신 동 꺼리다, 싫어하다

Train your **mind** and body. 너의 **마음**과 몸을 단련해라.
Do you **mind** if I open the window?
창문을 좀 열어도 **될까요**(열면 싫어하실까요)?
I don't **mind**. 상관없어요. / 괜찮아요.

323
head
[hed]

명 1. 머리 2. 우두머리, 장

from **head** to toe 머리에서 발끝까지
He is a **head** chef. 그는 수석 셰프이다.

324
skin
[skin]

명 피부, 껍질

He has dark **skin**. 그는 **피부**가 까무잡잡하다.

325
bone
[boun]

명 뼈, 뼈다귀

You have 206 **bones** in your body.
우리 몸에는 206개의 **뼈**가 있다.
a fish **bone** 생선 뼈
*backbone 명 등뼈, 척추

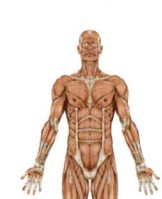

326
muscle
[mʌsl]

명 근육

arm **muscles** 팔 근육
You have to build your leg **muscles**.
너는 다리 **근육**을 키워야 한다.

327
neck
[nek]

명 목

She has a long **neck**. 그녀는 목이 길다.

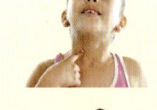

328
shoulder
[ʃóuldər]

명 어깨 (양 어깨 중의 한쪽) *복수형 shoulders

Stretch your arms and **shoulders**. 팔과 어깨를 쭉 펴세요.

329
back
[bæk]

명 1. 등, (등)허리 2. 뒤쪽 부 뒤로

have **back** pain   허리 통증이 있다
sit in the **back**   뒤쪽에 앉다

330
front
[frʌnt]

명 앞면, 앞쪽

He was lying on his **front**.   그는 엎드려 누워 있었다.
She was standing in **front** of me.   그녀는 내 앞쪽에 서 있었다.
*in front of ~의 앞쪽에

331
lip
[lip]

명 입술 (한쪽)   *복수형 lips

the lower **lip**   아랫입술
Put **lip** balm on your **lips**.   입술에 립밤을 발라라.

332
tongue
[tʌŋ]

명 혀, 혓바닥

have a long **tongue**   긴 혀를 가지고 있다

333
hold
[hould]

동 1. 잡다, 쥐다 2. (손에) 들다 (held–held)

Hold my hand.   내 손을 잡아.
She was **holding** a box.   그녀는 상자를 하나 들고 있었다.

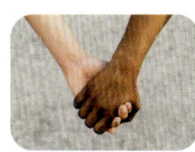

334
grab
[græb]

동 붙잡다, 움켜쥐다, (와락) 잡아채다

She **grabbed** the rope.   그녀는 로프를 붙잡았다.
He **grabbed** my bag and ran off.
그는 내 가방을 잡아채고는 도망쳤다.

335
break
[breik]

동 깨다; 깨어지다, 부서지다 (broke–broken)

break a window   유리창을 깨다
She **broke** her arm.   그녀는 팔이 부러졌다.

336
hurt
[həːrt]

동 1. 다치게 하다 2. 아프다 (hurt–hurt)

He **hurt** his leg.   그는 다리를 다쳤다.
My back **hurts**.   등이 아프다.

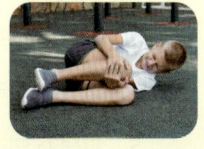

337
condition
[kəndíʃən]

® 1. 상태, 건강 상태 2. (-s) 환경, 상황

She is not in good **condition**. 그녀는 건강 상태가 좋지 않다.
living **conditions** 생활 환경

338
well
[wel]

® 잘, 훌륭하게 ® (상태 등이) 좋은, 건강한

Did you sleep **well**? 잘 잤니?
I don't feel very **well**. 내가 몸이 별로 좋지가 않다.

339
get hurt

다치다

He **got hurt** playing soccer. 그는 축구를 하다가 다쳤다.

340
get well

나아지다, 좋아지다 = get better

He will **get well** soon. 그는 금방 나을 거예요.
I hope you **get well** soon. 당신이 빨리 낫기를 바랍니다.

Check Up

A 각 영어 단어의 우리말 뜻을 쓰세요.

1. body _____
2. mind _____
3. head _____
4. skin _____
5. bone _____
6. muscle _____
7. lip _____
8. tongue _____
9. hold _____
10. grab _____
11. break _____
12. condition _____

B 우리말에 맞게 빈칸에 알맞은 말을 넣으세요.

1. 인체   the human _____
2. 허리 통증이 있다   have _____ pain
3. 유리창을 깨다   _____ a window
4. 그녀는 다리를 다쳤다. She _____ her leg.
5. 그녀가 빨리 낫기를 바랍니다. I hope she _____ soon.

Picture Review

● 그림이 나타내는 단어를 <보기>에서 골라, 우리말 뜻과 함께 쓰세요.

1.

2.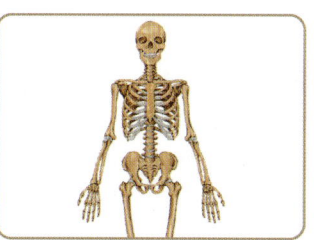

3.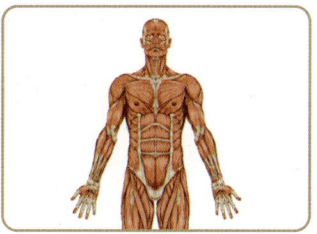

4.

5.

6.

7.

8.

bone
shoulder
muscle
skin
break
hurt
back
hold

DAY 18

Listen & Say 1 2 3

341
sense
[sens]

명 감각, 느낌 동 느끼다

You have five **senses**. 여러분은 오감을 가지고 있다.

342
sound
[saund]

명 소리, 음 동 1. 소리가 나다 2. ~하게 들리다

a loud **sound** 시끄러운 소리
The bell **sounds**. 종이 울린다.
That **sounds** great. 그거 멋지게 **들린다**(좋은 생각이다).

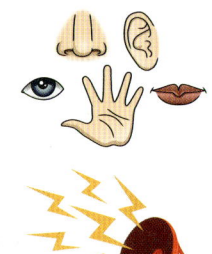

343
sight
[sait]

명 시력, 시각, 보기 유 seeing 보기

have good **sight** 시력이 좋다
*see 동 보다 *eyesight 명 시력

344
hearing
[híəriŋ]

명 청력, 청각

have good **hearing** 좋은 **청력**을 갖고 있다
*hear 동 듣다, 들리다

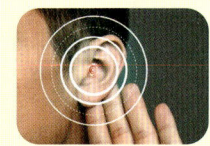

345
smell
[smel]

명 냄새, 후각 동 ~한 냄새가 나다; 냄새를 맡다

the sense of **smell** 후각
It **smells** good. 좋은 냄새가 난다.

346
taste
[teist]

명 맛, 미각 동 맛이 ~하다, ~한 맛이 나다

the sense of **taste** 미각
It **tastes** like a lemon. 이것은 레몬 맛이 난다.

347
touch
[tʌtʃ]

명 만지기, 촉각 동 만지다, 접촉하다

the sense of **touch** 촉각
Don't **touch** the glass. 그 유리를 만지지 마시오.

348
feel
[fi:l]

동 느끼다, ~한 기분이 들다 (felt–felt)

This towel **feels** like velvet. 이 수건은 벨벳 같은 **느낌**이다.
I **felt** sad. 나는 슬픔을 **느꼈다**.
*feeling 명 감정, 기분

349
smooth
[smuːð]

⟨형⟩ 1. 매끄러운 2. (일 등이) 순조롭게 나가는

soft and **smooth** skin 부드럽고 **매끄러운** 피부
It felt **smooth** like silk. 그것은 비단처럼 **부드럽게** 느껴졌다.

350
rough
[rʌf]

⟨형⟩ 거친, 거칠거칠한

rough hands 거친 손
It felt **rough** like a stone. 그것은 돌처럼 **거칠게** 느껴졌다.

351
sweet
[swiːt]

⟨형⟩ 달콤한, 단

a **sweet** taste 달콤한 맛
It tastes **sweet**. 이것은 **달콤한** 맛이 난다.

352
salty
[sɔ́ːlti]

⟨형⟩ 짠, 짭짤한

a **salty** taste 짠맛
She doesn't like **salty** food. 그녀는 **짠** 음식을 좋아하지 않는다.

353
sour
[sauər]

⟨형⟩ (맛이) 신, 시큼한

a **sour** lemon 신 레몬
I like sweet-and-**sour** tastes. 나는 **새콤**달콤한 맛을 좋아한다.

354
bitter
[bítər]

⟨형⟩ 1. (맛이) 쓴 2. 쓰라린, 혹독한

a **bitter** taste 쓴맛
It was a **bitter** cold. **혹독한** 추위였다.

355
spicy
[spáisi]

⟨형⟩ 매운, 양념 맛이 강한 ⟨유⟩ hot 매운

Do you like **spicy** food? 너는 **매운** 음식을 좋아하니?

356
too
[tuː]

⟨부⟩ 1. 너무 (~한) 2. ~도 또한

It's **too** spicy for me. 이것은 내게 **너무** 맵다.
Can I try it, **too**? 나도 그것을 맛봐도 될까?

357
better [bétər]

형 더 좋은, 더 잘하는 부 더 잘, 더 많이 반 worse 더 나쁜; 더 나쁘게

This one is much **better** than that one.
이것이 저것보다 훨씬 더 낫다.
Which do you like **better**, this or that?
너는 어떤 것이 더 좋니, 이것 혹은 저것?

358
doughnut [dóunət]

명 도넛

I like **doughnuts** much better than chocolate.
나는 초콜릿보다 도넛을 훨씬 더 좋아한다.

359
too ~ to...

너무 ~해서 …할 수 없다

It's **too** spicy **to** eat. 그것은 너무 매워서 먹을 수가 없다.
It's **too** cold **to** go outside. 날씨가 너무 추워서 밖에 나갈 수가 없다.

360
How about...?

…는 어때요? / …하면 어떨까요? = What about...?

How about this? 이것은 어때?
How about meeting tomorrow? 내일 만나는 게 어때요?

Check Up

A 각 영어 단어의 우리말 뜻을 쓰세요.

1. sense _____
2. sound _____
3. sight _____
4. hearing _____
5. taste _____
6. feel _____
7. smooth _____
8. rough _____
9. sour _____
10. bitter _____
11. spicy _____
12. better _____

B 우리말에 맞게 빈칸에 알맞은 말을 넣으세요.

1. 시력이 좋다   have good _____
2. 촉각   the sense of _____
3. 거친 손   _____ hands
4. 쓴맛   a _____ taste
5. 그것은 너무 매워서 먹을 수가 없다.   It's _____ spicy _____ eat.

Picture Review

● 그림이 나타내는 단어를 <보기>에서 골라, 우리말 뜻과 함께 쓰세요.

1.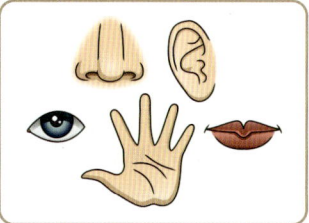

2.

3.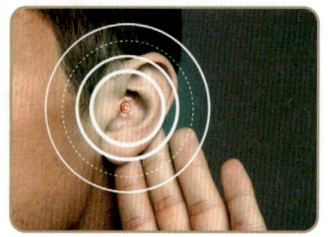

4.

5.

6.

7.

8.

sound

sense

rough

hearing

smooth

better

salty

sour

DAY 19

Listen & Say 1 2 3

361
glad
[glæd]

형 기쁜, 반가운

Glad to meet you. 만나서 반가워요.
I'm **glad** to hear that. 그 소식을 들으니 기뻐요.

362
pleased
[pli:zd]

형 기쁜, 행복한

Pleased to meet you. 만나서 기뻐요.
I'm **pleased** to hear from you. 당신에게서 소식을 들으니 기뻐요.

363
cry
[krai]

동 1. 울다 2. 외치다

Don't **cry**. 울지 마.
"Help!" he **cried** and **cried**. "도와주세요!" 그는 외치고 또 외쳤다.

364
yell
[jel]

동 소리 지르다, 고함치다   유 shout 외치다

He **yelled** at me. 그는 내게 소리를 질렀다.
Don't **yell** in the hallways. 복도에서 소리 지르지 마라.

365
smile
[smail]

동 미소 짓다   명 미소

Amy **smiled** at him. 에이미는 그에게 미소를 지었다.
She has a nice **smile**. 그녀는 멋진 미소를 가지고 있다.

366
laugh
[læf]

동 (소리 내어) 웃다   명 웃음(소리)

He **laughed** loudly. 그는 큰 소리로 웃었다.

367
exciting
[iksáitiŋ]

형 신나는, 흥미진진한

I have **exciting** news! 신나는 소식이 있어!
What **exciting** news it is! 정말 흥미진진한 소식이네!
*excited 형 신이 난, 들뜬

368
calm
[kɑ:m]

형 침착한, 차분한   동 진정하다; 진정시키다

keep **calm** 침착함을 유지하다, 평정심을 유지하다
Calm down. 진정해라.

369
mad
[mæd]

형 1. 성난, 화가 난 유 angry 화난 2. 미친
I was so **mad**. 나는 너무 화가 났다.
Don't be **mad** at me. 내게 화내지 마.
a **mad** dog 미친 개, 광견

370
upset
[ʌpsét]

형 속상한, 화난 동 뒤엎다, 속상하게 하다
He was very **upset**. 그는 아주 화가 났다.
Don't get **upset** about the party. 그 파티에 대해 **속상해**하지 마.

371
anger
[ǽŋɡər]

명 화, 분노
I felt a lot of **anger**. 나는 엄청난 **분노**를 느꼈다.
I yelled at him in **anger**. 나는 화가 나서 그에게 소리쳤다.

372
scare
[skɛər]

동 1. 겁주다 2. 겁먹다, 무서워하다
You **scared** me. (너 때문에) 놀랐잖아.
He **scares** easily. 그는 쉽게 겁을 먹는다.
*scared 형 무서워하는 *scary 형 무서운, 겁나는

373
worry
[wə́:ri]

동 1. 걱정하다 2. 걱정시키다
Don't **worry**. 걱정하지 마.
Don't tell Mom. I don't want to **worry** her.
엄마한테 말하지 마. 걱정 끼치고 싶지 않아.

374
worried
[wə́:rid]

형 걱정하는, 걱정스러워하는
I'm **worried** about you. 나는 네가 **걱정돼**.
What are you **worried** about? 너는 무엇을 **걱정하는** 거니?

375
serious
[síəriəs]

형 심각한, 진지한
He is a very **serious** person. 그는 아주 **진지한** 사람이다.
*seriously 부 심각하게, 진지하게

376
nervous
[nə́:rvəs]

형 불안해하는, 초조해하는, 긴장하는
I am so **nervous** about the exam. 나는 시험 때문에 너무 **긴장된다**.
He was too **nervous** to speak. 그는 너무 **긴장**을 해서 말이 나오지 않았다.
*nerve 명 신경, (-s) 긴장, 불안

377
surprised
[sərpráizd]

형 놀란, 놀라는

a **surprised** look 놀란 표정
They were very **surprised**. 그들은 아주 놀랐다.
*surprise 명 놀라운 일 동 놀라게 하다

378
shocked
[ʃakt]

형 충격을 받은

I was **shocked** by Sam's death. 나는 샘의 죽음에 충격을 받았다.
We were all **shocked**. 우리는 모두 충격을 받았다.
*shock 명 충격 동 충격을 주다

379
out loud

소리 내어, 큰 소리로

Read it **out loud**. 그것을 큰 소리로 읽으세요.
She started to cry **out loud**. 그녀는 소리 내어 울기 시작했다.

380
laugh at

~을 비웃다, ~을 놀리다   = make fun of

They all **laughed at** her. 그들은 모두 그녀를 비웃었다.
Don't **laugh at** me. 나를 비웃지 마.

Check Up

A 각 영어 단어의 우리말 뜻을 쓰세요.

1. yell _____
2. smile _____
3. laugh _____
4. exciting _____
5. calm _____
6. upset _____
7. anger _____
8. worry _____
9. worried _____
10. serious _____
11. nervous _____
12. shocked _____

B 우리말에 맞게 빈칸에 알맞은 말을 넣으세요.

1. 그에게 미소 짓다   _____ at him
2. 그녀를 비웃다   _____ at her
3. 너무 긴장해서 말을 못하는   too _____ to speak
4. 놀란 표정   a _____ look
5. 그는 소리 내어 울기 시작했다. He started to cry _____.

Picture Review

● 그림이 나타내는 단어를 <보기>에서 골라, 우리말 뜻과 함께 쓰세요.

1.

2.

3.

4.

| cry |
| mad |
| pleased |
| laugh |
| exciting |
| scare |
| surprised |
| worry |

5.

6.

7.

8.

DAY 20

Listen & Say 1 2 3

381
tell
[tel]

동 1. 말하다 2. 알리다, 전하다 (told-told)
Tell me your story. 너의 이야기를 해 줘.
See. I **told** you! 봐. 내가 **뭐랬어**(내가 말했잖아)!

382
talk
[tɔːk]

동 1. 말하다, 수다를 떨다 2. 논의하다
talk on the phone 전화로 **말하다**, 통화하다

383
speak
[spiːk]

동 이야기하다, 말하다 (spoke-spoken)
May I **speak** to Linda? 린다와 **통화할** 수 있을까요?
Can you **speak** English? 너는 영어를 **말할** 수 있니?

384
chat
[tʃæt]

동 1. 수다 떨다 2. 채팅하다 명 수다, 채팅
chat on the phone 전화로 **수다를 떨다**
have a **chat** with one's friends 친구들과 **잡담**하다
*chat room 채팅방

385
news
[njuːz]

명 뉴스, 소식
I have big **news**. 나 굉장한 **뉴스**가 있어.

386
about
[əbáut]

전 ~에 관한, ~에 대하여
What's that book **about**? 그 책은 무엇에 관한 거니?
Let's talk **about** it. 그것에 대해 이야기해 보자.

387
letter
[létər]

명 1. 편지 2. 글자, 문자
write me a **letter** 내게 **편지**를 쓰다
He wrote me a **letter**. 그는 내게 **편지**를 썼다.
a small **letter** 소문자

388
address
[ədrés]

명 주소
Did he know your **address**?
그가 네 **주소**를 알고 있었니?

학습일: 월 일

389
mail
[meil]

몡 우편 (제도), 우편물 동 우편으로 보내다

mail service 우편 서비스
spam **mail** 스팸 메일 (원치 않는 광고성 메일)

390
email
[íːmeil]

몡 전자우편, 이메일 동 전자우편으로 보내다

May I have your **email** address? 이메일 주소 좀 알려 주실래요?
Please **email** me. 제게 이메일을 보내 주세요.

391
website
[wébsait]

몡 웹사이트, 홈페이지

Visit our **website** at www.alist.co.kr.
저희 웹사이트 www.alist.co.kr을 방문해 주세요.

392
Internet
[íntərnèt]

몡 인터넷

Let's look it up on the **Internet**. 인터넷에서 그것을 찾아보자.
You can find it on the **Internet**.
너는 그것을 인터넷에서 찾을 수 있다.

393
call
[kɔːl]

동 1. 전화하다 = telephone, phone 2. 부르다

I'll **call** you soon. 내가 금방 전화할게.
Just **call** me Jack. 그냥 잭이라고 불러 주세요.

394
ring
[riŋ]

동 1. (종 등이) 울리다 2. 초인종을 누르다 (rang-rung)

The phone is **ringing**. 전화가 울리고 있다.
The doorbell **rang** loudly. 초인종이 시끄럽게 울렸다.

395
text
[tekst]

동 문자 메시지를 보내다 몡 글, 문자

Text me when you get home. 집에 도착하면 문자 보내 줘.
Read the **text** and answer the questions.
다음 글을 읽고 질문에 답하세요.

396
message
[mésidʒ]

몡 1. 메시지, 전언 2. (이메일·휴대전화 등으로 온) 메시지

leave a **message** 전언을 남기다, 메시지를 남기다
Can I leave a **message**? 제가 메시지를 남겨도 될까요?

DAY 20

397
send [send]
⑧ 보내다, 발송하다 (sent–sent)
send a text 문자를 보내다
He **sent** a message by email. 그는 이메일로 메시지를 보냈다.

398
receive [risíːv]
⑧ 받다, 받아들이다 ㊌ **get** 받다
receive a text 문자를 받다
I **received** an email from him. 나는 그로부터 이메일을 받았다.

399
be going to
~할 예정이다, ~할 것 같다
We**'re going to** have a big party. 우리는 성대한 파티를 할 예정이다.
It**'s going to** rain. 비가 올 것 같다.

400
Why don't you…?
~하는 게 어때(요)?
Why don't you call her? 그녀에게 전화를 해 보는 게 어때?
Why don't you try it? 한번 시도해 보지 그러니?

Check Up

A 각 영어 단어의 우리말 뜻을 쓰세요.

1. tell _____
2. talk _____
3. speak _____
4. about _____
5. address _____
6. mail _____
7. email _____
8. call _____
9. ring _____
10. text _____
11. send _____
12. receive _____

B 우리말에 맞게 빈칸에 알맞은 말을 넣으세요.

1. 통화하다   _____ on the phone
2. 인터넷에서   on the _____
3. 메시지를 남기다 leave a _____
4. 문자를 보내다   _____ a text
5. 난 그녀에게 전화를 할 예정이다. I'm _____ call her.

Picture Review

● 그림이 나타내는 단어를 <보기>에서 골라, 우리말 뜻과 함께 쓰세요.

1.

2.

3.

4.

5.

6.

7.

8.

chat

website

letter

address

call

send

text

receive

DAY 17-20

Review Test 05

A 그림을 보고, 빈칸에 들어갈 알맞은 알파벳을 쓰세요.

1.
bi _ _ _ _

2.
be _ _ _ _

3.
rou _ _

4.
lau _ _

5.
wor _ _ _ _

6.
surp _ _ _ _ _

7.
seri _ _ _

8.
ner _ _ _ _

9.
d _ _ _ _ nut

10.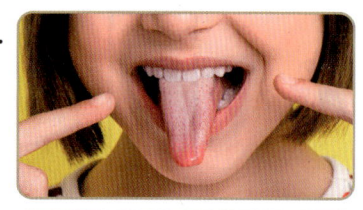
tong _ _

B 그림을 보고, 빈칸에 알맞은 단어/숙어를 넣으세요.

> get hurt   smile   muscle   bone   scare   spicy

1. _____
2. _____
3. _____
4. _____
5. _____
6. _____

C 우리말과 같은 뜻이 되도록 빈칸에 알맞은 단어를 넣으세요.

> break   calm   back   text   sense

1. 뒤쪽에 앉다   sit in the _____
2. 유리창을 깨다   _____ a window
3. 미각   the _____ of taste
4. 진정하다   _____ down
5. 문자를 보내다   send a _____

D 주어진 단어와 반대의 뜻을 가진 단어를 <보기>에서 골라 쓰세요.

| laugh | rough | front | receive |

1. back _____
2. smooth _____
3. cry _____
4. send _____

E 주어진 단어와 비슷한 뜻을 가진 단어를 <보기>에서 골라 쓰세요.

| yell | glad | upset | grab |

1. hold _____
2. pleased _____
3. shout _____
4. mad _____

F 우리말 뜻에 알맞은 단어/숙어를 <보기>에서 골라 문장을 완성하세요.

| speak to | mind if | don't you | going to |

1. 창문을 좀 열어도 될까요?
   Do you _____ I open the window?

2. 린다와 통화할 수 있을까요?
   May I _____ Linda?

3. 우리는 성대한 파티를 할 예정이다.
   We're _____ have a big party.

4. 한번 시도해 보지 그러니?
   Why _____ try it?

G 읽을 수 있는 단어에 체크한 후, 우리말 뜻을 빈칸에 써 보세요.

- [ ] body _____
- [ ] mind _____
- [ ] muscle _____
- [ ] neck _____
- [ ] shoulder _____
- [ ] hold _____
- [ ] grab _____
- [ ] break _____
- [ ] hurt _____
- [ ] condition _____
- [ ] sense _____
- [ ] sound _____
- [ ] sight _____
- [ ] hearing _____
- [ ] taste _____
- [ ] feel _____
- [ ] smooth _____
- [ ] rough _____
- [ ] bitter _____
- [ ] better _____

- [ ] pleased _____
- [ ] laugh _____
- [ ] exciting _____
- [ ] calm _____
- [ ] upset _____
- [ ] anger _____
- [ ] worried _____
- [ ] serious _____
- [ ] nervous _____
- [ ] surprised _____
- [ ] tell _____
- [ ] talk _____
- [ ] speak _____
- [ ] about _____
- [ ] letter _____
- [ ] address _____
- [ ] email _____
- [ ] call _____
- [ ] send _____
- [ ] receive _____

DAY 21   Listen & Say 1 2 3

401
think
[θiŋk]

⑤ 생각하다 (thought-thought)

What do you **think**? 너는 어떻게 생각하니?
I will **think** about it. (그것에 관해) 생각해 볼게.

402
idea
[aidíːə]

⑲ 생각, 발상, 아이디어

That's a good **idea**. 그거 좋은 생각이다.
I have no **idea**. 난 전혀 모르겠어(아무 생각이 없어).

403
understand
[ʌ̀ndərstǽnd]

⑤ 이해하다, 알아듣다 (understood-understood)

I **understand**. 이해해요. / 알겠습니다.
You don't **understand** me. 너는 나를 이해하지 못해.

404
know
[nou]

⑤ 알다, 알고 있다 (knew-known)

I don't **know**. 나는 몰라.
I **knew** it. 내 그럴 줄 알았어(알고 있었다).

405
discuss
[diskʌ́s]

⑤ 논의하다, 토론하다

I **discussed** my plans with my parents.
나는 내 계획에 관해 부모님과 논의했다.

*discussion ⑲ 논의, 토론

406
decide
[disáid]

⑤ 결정하다, 결심하다

decide to go 가기로 결정하다
I **decided** to join the club. 나는 그 클럽에 가입하기로 결정했다.

*decision ⑲ 결정, 판단

407
form
[fɔːrm]

⑤ 형성하다, 이루다 ⑲ 1. 유형, 형태 2. 서식

form a circle 원을 이루다
Painting is a **form** of art. 그림은 예술의 한 형태이다.
an order **form** 주문서

408
fill
[fil]

⑤ (가득) 채우다, 채워지다

Please **fill** in the form. 다음 서식을 기입하시오.
Fill a glass with water. 잔에 물을 가득 채워라.

409
secret
[síːkrit]

형 비밀의 명 비밀

a **secret** message 비밀 메시지
It's a **secret**, so don't tell anyone.
이건 **비밀**이야, 그러니까 아무한테도 말하지 마.

410
code
[koud]

명 1. 암호, 부호 2. (컴퓨터) 코드

a secret **code** 비밀 암호
***password** 명 비밀번호

411
keep
[kiːp]

동 1. 지키다, 유지하다 2. (~을) 계속하다 (kept–kept)

I'll **keep** your secret. 너의 비밀을 **지킬**게.
Keep quiet in the classroom. 교실에서 조용히 **해라**.

412
promise
[prámis]

동 약속하다 명 약속

I **promise**. 내가 **약속할게**.
You should keep your **promise**.
너는 너의 **약속**을 지켜야 한다.

413
remember
[rimémbər]

동 기억하다, 기억나다

Remember to call me. 내게 전화하는 거 **기억해**.
Do you **remember** me? 저를 기억하시나요?

414
forget
[fərgét]

동 잊다, 잊어버리다 (forgot–forgotten)

Don't **forget** to call me. 내게 전화하는 거 **잊지** 마.
Sorry. I **forgot**. 미안. 잊어버렸어.

415
newspaper
[núːzpeipər]

명 신문

read the **newspaper** 신문을 읽다
I read about it in the **newspaper**.
나는 그것에 관해 **신문**에서 읽었다.

416
report
[ripɔ́ːrt]

명 1. 보도 2. 보고서 동 알리다, 보도하다

a newspaper **report** 신문 보도
The TV news **reported** it. TV 뉴스가 그것을 보도했다.

417
fact [fækt]

명 사실, (실제의) 일

some **facts** about the World Cup 월드컵에 관한 몇몇 **사실들**
In **fact**, I didn't know about that.
사실, 난 그것에 대해 몰랐었다.

DID YOU KNOW?
When was the first game of World Cup?
– The first competition for the cup was organized in 1930.

418
true [tru:]

형 1. 사실인, 맞는 반 false 거짓의   2. 진짜의 유 real 진짜의, 실제의

Is it **true** or false? 그것은 **참**인가요, 거짓인가요?
a **true** story **실제** 이야기, 실화
*truth 명 진실, 사실

419
make a promise 약속하다 = promise

I **made a promise** to help her. 나는 그녀를 돕기로 **약속했다**.
He **made a promise** to go with me. 그는 나와 함께 가기로 **약속했다**.

420
keep one's word (~의) 약속을 지키다, (~가 한) 말을 지키다

I always **keep my word**. 나는 항상 (나의) 약속을 지킨다.
You should **keep your word**. 너는 네가 한 말을 지켜야 한다.

Check Up

A 각 영어 단어의 우리말 뜻을 쓰세요.

1. idea _____   2. understand _____
3. know _____   4. discuss _____
5. decide _____   6. form _____
7. code _____   8. keep _____
9. promise _____   10. remember _____
11. fact _____   12. true _____

B 우리말에 맞게 빈칸에 알맞은 말을 넣으세요.

1. 가기로 결정하다   _____ to go
2. 비밀 암호   a _____ code
3. 약속하다   make a _____
4. 너의 약속[말]을 지켜라.   _____ your word.
5. 내게 전화하는 거 잊지 마. Don't _____ to call me.

Picture Review

● 그림이 나타내는 단어를 <보기>에서 골라, 우리말 뜻과 함께 쓰세요.

1.

2.

3.

4.

5.

6.

7.

8.

discuss
think
fill
understand
remember
newspaper
secret
report

DAY 22

Listen & Say 1 2 3

421
free
[friː]

형 1. 자유로운, 한가한 2. 무료의

What do you do in your **free** time? 한가할 때 너는 무엇을 하니?
a **free** concert for children 어린이들을 위한 **무료** 콘서트

422
hobby
[hábi]

명 취미

Do you have any **hobbies**? 너는 **취미**가 있니?
My **hobby** is playing the guitar. 내 **취미**는 기타 연주하기야.

423
collect
[kəlékt]

동 모으다, 수집하다

I like **collecting** toys. 나는 장난감 **모으기**를 좋아한다.
Ann's hobby is **collecting** books. 앤의 취미는 책 **수집하기**이다.
*collection 명 수집, 수집품, 소장품

424
enjoy
[indʒɔ́i]

동 즐기다, 즐거운 시간을 보내다

I **enjoy** watching movies. 나는 영화 보기를 **즐긴**다.
He **enjoys** listening to pop music. 그는 팝 음악 듣기를 **즐긴**다.

425
film
[film]

명 1. 영화 2. (카메라의) 필름 유 movie 영화

What's your favorite **film**? 네가 좋아하는 **영화**는 뭐니?
a documentary **film** 다큐멘터리 **영화**

426
video
[vídiòu]

명 영상, 비디오 동 녹화하다

a **video** of *Toy Story* 〈토이 스토리〉 영상
make a **video** call 영상 통화를 걸다

427
comic
[kámik]

형 웃기는, 코미디의 명 만화(책) 유 cartoon (시사) 만화, 만화 영화

read a **comic** book 만화책을 읽다
He collects **comic** books. 그는 **만화책**을 모은다.

428
ticket
[tíkit]

명 표, 입장권

a train **ticket** 기차표
a **ticket** office 매표소
a free **ticket** to the concert 그 콘서트의 무료 **입장권**

429
program
[próugræm]

명 프로그램 동 프로그램을 짜다

What's your favorite TV **program**?
네가 제일 좋아하는 TV 프로그램은 뭐니?
a computer **program** 컴퓨터 프로그램

430
radio
[réidiòu]

명 라디오

I enjoy listening to the **radio**. 나는 라디오 듣기를 즐긴다.
Turn the **radio** on. 라디오를 켜라.

431
picnic
[píknik]

명 피크닉, 소풍

I like going on **picnics**. 나는 소풍 가는 걸 좋아한다.

432
basket
[bǽskit]

명 바구니

a picnic **basket** 소풍 바구니
a shopping **basket** 쇼핑 바구니

433
put
[put]

동 놓다, 두다, 넣다 (put-put)

put the dishes on the table 접시들을 탁자 위에 놓다
He **put** the toys in the box. 그는 장난감들을 상자에 넣었다.

434
set
[set]

동 1. 놓다, 두다 2. (상을) 차리다 3. (기기를) 맞추다 (set-set)
명 세트, 한 조

set the table for lunch 점심을 위해 상을 차리다
set an alarm clock 알람 시계를 맞추다

435
hate
[heit]

동 미워하다, 몹시 싫어하다 명 미움 반 love 사랑하다; 사랑

I **hate** picnics. 나는 피크닉이 싫다.
I **hate** going camping. 나는 캠핑 가는 게 싫다.

436
because
[bikɔ́:z]

접 (왜냐하면) ~ 때문에, ~해서

because I hate bugs 나는 벌레를 싫어하기 때문에
I hate camping **because** I hate bugs.
나는 벌레를 싫어하기 때문에 캠핑이 싫다.

437
borrow
[bárou]

⟨동⟩ 빌리다

borrow books from the library 도서관에서 책을 **빌리다**
Can I **borrow** your book? 네 책 좀 **빌릴** 수 있을까?

438
lend
[lend]

⟨동⟩ 빌려주다 (lent-lent)

I don't like **lending** my books. 나는 내 책을 **빌려주는** 걸 싫어해.
Jack **lent** his book to her. 잭은 그녀에게 자신의 책을 **빌려주었다**.

439
check out

1. (도서관에서) 책을 대여하다 ⟨반⟩ return 반납하다
2. (호텔에서) 체크아웃 하다, 퇴실하다 ⟨반⟩ check in 체크인 하다

You can **check out** books from the library. 너는 도서관에서 책을 **대여할** 수 있다.
We **checked out** at noon. 우리는 12시에 **체크아웃 했다**.

440
because of

~ 때문에

We stayed at home **because of** the bad weather.
우리는 악천후 **때문에** 집에 머물렀다.
I did it **because of** you. 나는 너 **때문에** 그것을 했어.

Check Up

A 각 영어 단어의 우리말 뜻을 쓰세요.

1. free _____   2. hobby _____
3. collect _____   4. enjoy _____
5. video _____   6. comic _____
7. program _____   8. put _____
9. hate _____   10. because _____
11. borrow _____   12. check out _____

B 우리말에 맞게 빈칸에 알맞은 말을 넣으세요.

1. 네가 한가할 때   in your _____ time
2. 영상 통화를 걸다   make a _____ call
3. 매표소   a _____ office
4. 점심을 위해 상을 차리다   _____ the table for lunch
5. 악천후 때문에   _____ the bad weather

Picture Review

● 그림이 나타내는 단어를 <보기>에서 골라, 우리말 뜻과 함께 쓰세요.

1.

2.

3.

4.

5.

6.

7.

8.

comic

collect

film

radio

ticket

picnic

lend

borrow

DAY 23

Listen & Say 1 2 3

441
yesterday
[jéstərdèi]

뗭 어제 児 어제

Yesterday was sports day. 어제는 체육대회(운동회) 날이었다.
I went to the park **yesterday**. 나는 어제 공원에 갔다.

442
ago
[əgóu]

児 ~ 전에

two days **ago** 이틀 전에
a long time **ago** 오래 전에

443
race
[reis]

뗭 경주, 달리기 (시합)

have a **race** 달리기 시합을 하다
They had a **race** yesterday. 그들은 어제 달리기 시합을 했다.

444
begin
[bigín]

동 시작하다; 시작되다 (began-begun) 윤 start 시작하다[되다]

They **began** to run. 그들은 달리기 시작했다.
The race **began** at 10 a.m. 경주는 오전 10시에 시작되었다.

445
cheer
[tʃiər]

동 1. 응원하다, 환호성을 지르다 2. 기운이 나다 뗭 환호(성)

We all **cheered**. 우리는 모두 환호성을 질렀다.
Cheer up! 기운 내!

446
clap
[klæp]

동 박수를 치다, 손뼉을 치다

If you're happy, **clap** your hands. 네가 행복하다면 손뼉을 쳐라.
We all **clapped**. 우리는 모두 손뼉을[박수를] 쳤다.

447
fall
[fɔːl]

동 1. 넘어지다 2. (눈·비가) 내리다, 떨어지다 (fell-fallen)

Cindy **fell** down. 신디는 넘어졌다.
Rain was **falling**. 비가 내리고 있었다.
*fall down 넘어지다

448
slip
[slip]

동 미끄러지다, 넘어지다

She **slipped** and fell. 그녀는 미끄러져서 넘어졌다.

449
win
[win]

동 1. 이기다 2. 얻다 (won-won)

win a game 경기에 이기다
Our team **won** the game. 우리 팀이 그 경기에서 **이겼다**.
*winner 명 우승자

450
lose
[luːz]

동 1. 지다 2. 잃어버리다 (lost-lost)

lose a game 경기에 지다
Our team **lost** the game. 우리 팀은 그 경기에서 **졌다**.
*loser 명 패자, 실패자

451
first
[fəːrst]

형명 첫 번째의, 1등의; 첫째 부 우선, 맨 먼저 = 1st

the **first** man in space 우주에 간 **최초의** 사람
John came in **first**. 존이 **1등으로** 들어왔다.

452
last
[læst]

형 마지막의 부 맨 끝에, 마지막에

Kate came in **last**. 케이트가 꼴등으로 들어왔다.
She always comes to class **last**.
그녀는 항상 수업 시간에 꼴찌로 온다.
*lastly 부 마지막으로, 끝으로

453
second
[sékənd]

형명 두 번째의; 2번째 부 둘째로 = 2nd

She came in **second**. 그녀는 2위로 들어왔다.

454
third
[θəːrd]

형명 세 번째의; 3번째 부 세 번째로 = 3rd

I came in **third** in the race. 나는 그 경주에서 3위로 들어왔다.

455
fourth
[fɔːrθ]

형명 네 번째의; 4번째 부 네 번째로 = 4th

I am **fourth** in line. 나는 줄에서 4번째이다.
Today is the **fourth** of April. 오늘은 4월 4일이다.

456
fifth
[fifθ]

형명 다섯 번째의; 5번째 부 다섯 번째로 = 5th

She is **fifth** in line. 그녀는 줄에서 5번째이다.
Today is the **fifth** of May. 오늘은 5월 5일이다.

457
finish
[fíniʃ]

동 끝내다; 끝나다 명 끝

The race **finished** at 2:30. 그 경주는 2시 30분에 **끝났다**.
finish line (경주의) **결승선**

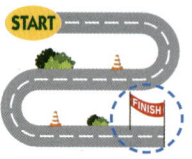

458
end
[end]

명 끝, 종료 동 끝나다; 끝내다

the **end** of the race 경주의 **종료**
They **ended** the game with a song. 그들은 그 시합을 노래로 **끝냈다**.

459
in the end

마침내, 결국   = finally

In the end, we won the game. 마침내 우리가 그 경기를 이겼다.
Everything will be all right **in the end**. 결국엔 모든 게 다 잘 될 거야.

460
at the end of

~끝에, ~말에

We're going to meet **at the end of** the year. 우리는 연말에 만날 예정이다.
We met **at the end of** the month. 우리는 그달 말에 만났다.

Check Up

A 각 영어 단어의 우리말 뜻을 쓰세요.

1. yesterday _____   2. ago _____
3. race _____   4. clap _____
5. fall _____   6. slip _____
7. win _____   8. lose _____
9. first _____   10. fifth _____
11. finish _____   12. in the end _____

B 우리말에 맞게 빈칸에 알맞은 말을 넣으세요.

1. 오래 전에   a long time _____
2. 달리기 시합을 하다   have a _____
3. 경기에 이기다   _____ a game
4. 경기에 지다   _____ a game
5. 존이 1등으로 들어왔다. John came in _____ .

Picture Review

● 그림이 나타내는 단어를 <보기>에서 골라, 우리말 뜻과 함께 쓰세요.

1.

2.

| first |
| begin |
| cheer |
| third |
| second |
| fourth |
| finish |
| last |

3.

4.

5.

6.

7.

8.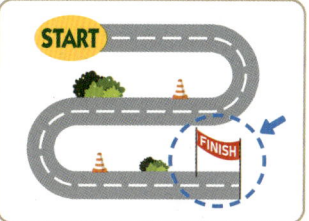

DAY 24

Listen & Say 1 2 3

461
fan
[fæn]

몡 1. (스포츠·연예인 등의) 팬 2. 선풍기

sport **fans** 스포츠 팬들
I am a big **fan** of the player. 나는 그 선수의 열렬한 팬이다.

462
event
[ivént]

몡 1. 사건 2. 행사, 경기

the biggest sporting **event** 가장 큰 스포츠 행사
The World Cup is one of the biggest sporting **events**.
월드컵은 가장 큰 스포츠 행사 중의 하나이다.

463
bat
[bæt]

몡 1. 방망이, 배트 2. 박쥐

a baseball **bat** 야구 방망이
Who is at **bat**? 타석에 누가 있니?

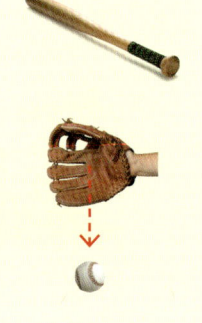

464
drop
[drɑp]

동 떨어지다, 떨어뜨리다   유 fall 떨어지다

drop the ball 공을 떨어뜨리다

465
miss
[mis]

동 1. 놓치다, 빗나가다 2. 그리워하다

miss the ball 공을 놓치다
We'll **miss** you. 네가 그리울 거야.

466
target
[tá:rgit]

몡 목표, 표적, 과녁

miss the **target** 과녁을 빗나가다

467
center
[séntər]

몡 중심, 중앙

hit the **center** of the target 과녁의 중앙을 맞히다

468
middle
[midl]

몡 중앙, (한)가운데 형 중간의

hit the **middle** of the target
과녁의 한가운데를 맞히다(명중시키다)
the **middle** finger 가운뎃손가락, 중지

학습일: 월   일

469
exercise
[éksərsàiz]

⑧ 운동하다, 연습하다 ⑲ 운동, 연습

I try to **exercise** every day. 나는 매일 **운동**하려고 노력한다.
Swimming is good **exercise**. 수영은 좋은 **운동**이다.

470
practice
[præktis]

⑧ 연습하다 ⑲ 연습, 실습

practice soccer every day 매일 축구 **연습을 하다**
go to swimming **practice** 수영 **연습**을 하러 가다

471
marathon
[mǽrəθàn]

⑲ 마라톤 경주 ⑲ 마라톤의

run a **marathon** **마라톤**을 뛰다
a **marathon** runner **마라톤** 선수

472
football
[fútbɔ̀ːl]

⑲ 1. 축구 (영국 영어) ㉮ soccer 축구(미국 영어)
　 2. 풋볼, 미식축구 = American football

play **football** **축구**를 하다, **미식축구**를 하다
watch a **football** game (미식)**축구** 경기를 보다

473
way
[wei]

⑲ 1. 길 2. 방법

the **way** to the football field 축구장 가는 **길**
the only **way** to win 이길 수 있는 유일한 **방법**

474
point
[pɔint]

⑲ 1. 요점 2. 점수 ⑧ 가리키다

What's the **point**? **요점**이 뭐니?
win a **point** 1**점**을 따다
He **pointed** at the target. 그는 과녁을 **가리켰다**.

475
score
[skɔːr]

⑲ 점수, 득점, 스코어 ⑧ 득점하다

What's the **score**? **점수**가 어떻게 되니(몇 대 몇이야)?
The final **score** was 3-0. 최종 **스코어**는 3대 0이었다.

476
goal
[goul]

⑲ 1. 골문 2. 골, 득점 3. 목표

He scored the first **goal**. 그가 첫 번째 **골**을 넣었다.

DAY 24

477
medal [medl]

⑲ 메달, 훈장

win a gold **medal** 금메달을 따다

478
prize [praiz]

⑲ 상, 상금, 경품

win a Nobel **Prize** 노벨상을 받다
Who will win the **prize** this year?
올해는 누가 그 상을 받게 될까?

479
work out

(건강·몸매 관리 등을 위해) 운동하다 *workout ⑲ 운동

I **work out** every day. 나는 매일 운동(헬스)을 한다.
He **works out** for an hour every day. 그는 매일 1시간씩 운동한다.

480
win a prize

상을 타다 = get a prize

He **won** the Nobel Peace **Prize**. 그는 노벨 평화상을 받았다.
I **won** first **prize** in the contest. 나는 대회에서 1등상을 받았다.

Check Up

A 각 영어 단어의 우리말 뜻을 쓰세요.

1. event _____
2. drop _____
3. miss _____
4. center _____
5. middle _____
6. practice _____
7. way _____
8. point _____
9. goal _____
10. medal _____
11. prize _____
12. work out _____

B 우리말에 맞게 빈칸에 알맞은 말을 넣으세요.

1. 공을 떨어뜨리다 _____ the ball
2. 과녁을 빗나가다 _____ the target
3. 수영 연습을 하러 가다 go to swimming _____
4. 노벨상을 받다 win a Nobel _____
5. 나는 매일 운동(헬스)을 한다. I _____ every day.

Picture Review

● 그림이 나타내는 단어를 <보기>에서 골라, 우리말 뜻과 함께 쓰세요.

1.

2.

3.

4.

5.

6.

7.

8.

exercise

target

fan

football

miss

marathon

prize

score

Review Test 06

A 그림을 보고, 빈칸에 들어갈 알맞은 알파벳을 쓰세요.

1.
   __ __ink

2.
   mara__ __on

3.
   __ __ird

4.
   four__ __

5.
   tic__ __ __

6.
   bas__ __ __

7.
   de__ __ __ __

8.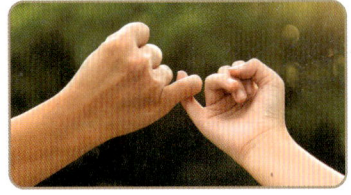
   pro__ __ __ __

9.
   sco__ __

10.
    pri__ __

B 그림을 보고, 빈칸에 알맞은 단어를 넣으세요.

finish   way   enjoy   secret   collect   work out

1. _____
2. _____
3. _____
4. _____
5. _____
6. _____

C 우리말과 같은 뜻이 되도록 빈칸에 알맞은 단어/숙어를 넣으세요.

free   true   third   at the end of   decide to

1. 실제 이야기, 실화   a _____ story
2. 그 콘서트의 무료 입장권   a _____ ticket to the concert
3. 테니스 클럽에 가입하기로 결정하다   _____ join a tennis club
4. 경주에서 3위로 들어오다   come in _____ in the race
5. 연말에   _____ the year

Review Test 06 123

D 주어진 단어와 반대의 뜻을 가진 단어를 <보기>에서 골라 쓰세요.

| lend | lose | forget | hate |

1. remember _____ 2. love _____
3. borrow _____ 4. win _____

E 주어진 단어와 비슷한 뜻을 가진 단어/숙어를 <보기>에서 골라 쓰세요.

| check out | end | begin | practice |

1. borrow _____ 2. start _____
3. finish _____ 4. exercise _____

F 우리말 뜻에 알맞은 단어/숙어를 <보기>에서 골라 문장을 완성하세요.

| in the end | lost | because | last |

1. 나는 벌레를 싫어하기 때문에 캠핑이 싫다.
   I hate camping _____ I hate bugs.

2. 그 경주에서 케이트가 꼴등으로 들어왔다.
   Kate came in _____ in the race.

3. 마침내 우리가 그 경기를 이겼다.
   _____, we won the game.

4. 우리 팀은 그 경기에서 졌다.
   Our team _____ the game.

G 읽을 수 있는 단어에 체크한 후, 우리말 뜻을 빈칸에 써 보세요.

- [ ] think _____
- [ ] understand _____
- [ ] know _____
- [ ] discuss _____
- [ ] decide _____
- [ ] form _____
- [ ] code _____
- [ ] keep _____
- [ ] promise _____
- [ ] forget _____
- [ ] free _____
- [ ] hobby _____
- [ ] collect _____
- [ ] enjoy _____
- [ ] comic _____
- [ ] picnic _____
- [ ] put _____
- [ ] hate _____
- [ ] borrow _____
- [ ] lend _____

- [ ] yesterday _____
- [ ] race _____
- [ ] begin _____
- [ ] cheer _____
- [ ] fall _____
- [ ] win _____
- [ ] lose _____
- [ ] first _____
- [ ] last _____
- [ ] finish _____
- [ ] fan _____
- [ ] event _____
- [ ] drop _____
- [ ] miss _____
- [ ] exercise _____
- [ ] practice _____
- [ ] way _____
- [ ] point _____
- [ ] score _____
- [ ] prize _____

DAY 25

Listen & Say 1 2 3

481
land
[lænd]

몡 땅, 육지   동 (땅에) 내려앉다, 착륙하다
good **land** for farming   농사에 좋은 **땅**
The bird **landed** on my finger.
그 새는 내 손가락 위에 **내려앉았다**.

482
ground
[graund]

몡 지면, 땅(바닥)
In autumn, leaves fall to the **ground**.
가을에 잎들은 **땅**으로 떨어진다.
dig in the **ground**   **땅**을 파다

483
area
[ɛ́əriə]

몡 1. 지역, 구역   2. 영역, 분야
the desert **area** of the U.S.   미국의 사막 **지역**
in the **area** of science   과학 **분야**에서

484
cover
[kʌ́vər]

동 덮다, 씌우다   몡 덮개, 커버
Snow **covered** the ground.   눈이 땅을 **뒤덮었다**.
a cushion **cover**   쿠션 **커버**

485
rock
[rɑk]

몡 바위, 암석, 돌
a piece of **rock**   **돌**덩어리
land covered with **rocks**   **돌**로 뒤덮인 땅, **돌**투성이 땅

486
soil
[sɔil]

몡 토양, 흙
This area has good **soil**.   이 지역은 좋은 **토양**을 갖고 있다.
Plants grow in **soil**.   식물은 **흙**에서 자란다.

487
heat
[hi:t]

몡 열기, 더위   동 데우다, 가열하다
the **heat** of the sun   태양의 **열기**
Heat up some water.   물을 좀 **데워라**.
*the heat 난방 (장치)

488
enough
[inʌ́f]

형 충분한   부 충분히
enough food for the winter   겨울을 위한 **충분한** 식량
We are ready **enough**.   우리는 **충분히** 준비가 되어 있다.

489
little
[lítl]

혱 1. (양이) 거의 없는, 아주 적은 2. 작은, 어린
*few (수가) 거의 없는

have **little** water 물이 거의 없다
There is **little** rain in the desert. 사막에는 비가 거의 안 온다.

490
much
[mʌtʃ]

혱 (양이) 많은 튀 매우, 대단히
*many (수가) 많은 *a lot of (수·양이) 많은

There is not **much** rain. 비가 많이 오지 않는다.
Thank you very **much**. 대단히 감사합니다.

491
energy
[énərdʒi]

명 1. 힘, 기운 2. (전기·태양열 등의) 에너지

The boys were full of **energy**. 그 소년들은 기운이 넘쳤다.
wind **energy** 풍력 에너지

492
power
[páuər]

명 1. 힘, 능력 2. 동력, 에너지

the **power** of love 사랑의 힘
wind **power** 풍력
*powerful 혱 영향력 있는, 강력한

493
air
[ɛər]

명 1. 공기 2. 공중, 허공

go out for some fresh **air** 신선한 공기를 마시러 나가다
The balloons rise high in the **air**. 풍선들이 공중에 높이 떠오른다.

494
breathe
[briːð]

동 숨을 쉬다, 호흡하다

breathe in 숨을 들이쉬다
We need air to **breathe**. 우리는 숨을 쉬기 위해 공기가 필요하다.
*breath 명 숨, 입김

495
gas
[gæs]

명 기체, 가스

oil and **gas** 석유와 가스
a **gas** station 주유소

496
resource
[ríːsɔːrs]

명 자원

a natural **resource** 천연자원
Oil and gas are natural **resources**. 석유와 가스는 천연자원들이다.

497
gold
[gould]

⟨명⟩ 금, 황금　⟨형⟩ 금빛의

a **gold** coin　금화
She is wearing a **gold** ring.　그녀는 금반지를 끼고 있다.

498
silver
[sílvər]

⟨명⟩ 은　⟨형⟩ 은색의

a **silver** medal　은메달
It is made of **silver**.　그것은 은으로 만들어진다.

499
be covered with
~로 뒤덮이다

The ground **is covered with** leaves.　땅이 온통 나뭇잎으로 뒤덮여 있다.
The area **was covered with** snow.　그 일대는 온통 눈으로 뒤덮여 있었다.

500
be made of
~로 만들어지다, ~로 이루어지다

Books **are made of** paper.　책은 종이로 만들어진다.
Earth **is made of** land and water.　지구는 땅과 물로 이루어져 있다.

Check Up

A 각 영어 단어의 우리말 뜻을 쓰세요.

1. ground _____
2. area _____
3. cover _____
4. heat _____
5. enough _____
6. little _____
7. much _____
8. energy _____
9. air _____
10. breathe _____
11. gas _____
12. resource _____

B 우리말에 맞게 빈칸에 알맞은 말을 넣으세요.

1. 땅을 파다　　　　dig in the _____
2. 약간의 물　　　　_____ water
3. 천연자원　　　　a natural _____
4. 땅과 물로 이루어지다　be _____ land and water
5. 땅은 눈으로 뒤덮여 있다.　The ground is _____ snow.

Picture Review

● 그림이 나타내는 단어를 <보기>에서 골라, 우리말 뜻과 함께 쓰세요.

1.

2.

3.

4.

5.

6.

7.

8.

| land |
| soil |
| heat |
| breathe |
| rock |
| gold |
| resource |
| power |

DAY 25

DAY 26

Listen & Say 1 2 3

501
thing
[θiŋ]

명 1. (어떤) 것, 물체 2. 일

What's that red **thing**? 저 빨간 것은 뭐니?
I have many **things** to do. 나는 할 일이 많다.

502
nothing
[nʌ́θiŋ]

대 아무것도 (~ 아니다), 하나도 (~ 없다)

Oh, **nothing**. 아, 아무것도 아니야.
There was **nothing** in the box. 상자에는 아무것도 없었다.

503
save
[seiv]

동 1. 아끼다, 모으다 2. (생명을) 구하다

You should **save** water. 물을 아껴 써야 한다.
He **saved** my life. 그는 내 생명을 구했다.

504
waste
[weist]

동 낭비하다   명 낭비, 쓰레기, 폐기물

Don't **waste** water. 물을 낭비하지 마라.
What a **waste** of time! 이 얼마나 시간 낭비인가!
food **waste** 음식물 쓰레기

505
example
[igzǽmpl]

명 1. 예, 보기 2. 본보기

Can you give me an **example**? 예를 하나 들어 주시겠어요?
This is a good **example**. 이것은 좋은 본보기이다.

506
project
[prάdʒekt]

명 (사업) 계획, 연구 과제, 프로젝트

a big **project** 큰 프로젝트

507
plan
[plæn]

명 계획   동 계획하다

Don't worry. I have a **plan**. 걱정 마. 내게 계획이 있어.
plan a trip 여행 계획을 세우다

508
list
[list]

명 목록, 리스트   동 목록을 작성하다

First, make a to-do **list**. 우선, 해야 할 일 목록을 만들어라.
Then, **list** the names of all the guests.
그런 다음 모든 손님들의 명단을 작성해라.

509
campaign
[kæmpéin]

명 캠페인, (사회적·정치적) 운동　동 캠페인을 벌이다
start a **campaign**　캠페인을 시작하다

510
recycle
[riːsáikl]

동 재활용하다
Please **recycle**.　재활용을 하세요.
You can **recycle** many things.　많은 것들을 재활용할 수 있어요.
***recycling** 명 재활용

511
bottle
[bɑtl]

명 병
a glass **bottle**　유리병
a wine **bottle**　와인병
***can** 명 캔, 깡통

512
plastic
[plǽstik]

명 플라스틱　형 플라스틱[비닐]으로 된
plastic bottles　플라스틱 병들
plastic bags　비닐봉지들

513
paper
[péipər]

명 종이
We can recycle **paper**.　우리는 종이를 재활용할 수 있다.

514
trash
[træʃ]

명 쓰레기　유 garbage 쓰레기
Put **trash** in a **trash** can.　쓰레기를 쓰레기통에 넣어라.

515
use
[juːz]

동 쓰다, 사용하다　명 [juːs] 사용
We **use** water to drink.　우리는 마시기 위해 물을 사용한다.
We **use** trees to build homes.
우리는 집을 짓기 위해 나무를 사용한다.
***useful** 형 유용한, 쓸모 있는

516
reuse
[riːjúːz]

동 재사용하다
We can **reuse** plastic bags.　우리는 비닐봉지를 재사용할 수 있다.
Please **reuse** paper and boxes.　종이와 상자들을 재사용해 주세요.

517
pick [pik]

동 1. 고르다 2. (과일 등을) 따다   명 고르기, 선택

Pick a number from one to five. 1과 5 사이에서 숫자를 하나 **골라라**.
What's your **pick**? 너의 **선택**은 무엇이니?

518
clear [kliər]

형 1. 맑은 2. 분명한, 확실한

The water is so **clear**. 물이 정말 **맑다**.
Everything is **clear** now. 이제 모든 것이 **확실해졌다**.

519
for example

예를 들면

For example, turn down the heat. **예를 들면**, 난방을 낮춰라.

520
pick up

1. 집어 들다 2. 전화를 받다 3. 데리러 가다

Pick up the trash. 쓰레기를 **주워라**.
Can you **pick up** the phone, please? 전화 좀 **받아 줄래**?
Can you **pick** me **up** after work? 일 끝나고 나 좀 **데리러 와 줄 수 있어**?

Check Up

A 각 영어 단어의 우리말 뜻을 쓰세요.

1. thing _____   2. nothing _____
3. save _____   4. waste _____
5. example _____   6. project _____
7. plan _____   8. campaign _____
9. recycle _____   10. use _____
11. reuse _____   12. clear _____

B 우리말에 맞게 빈칸에 알맞은 말을 넣으세요.

1. 음식물 쓰레기   food _____
2. 여행 계획을 세우다   _____ a trip
3. 해야 할 일 목록을 만들다   make a to-do _____
4. 비닐봉지를 재사용하다   _____ plastic bags
5. 쓰레기를 주워라.   _____ the trash.

Picture Review

● 그림이 나타내는 단어를 <보기>에서 골라, 우리말 뜻과 함께 쓰세요.

1.

2.

3.

4.

| bottle |
| save |
| waste |
| paper |
| plastic |
| recycle |
| pick |
| trash |

5.

6.

7.

8.

DAY 27

Listen & Say 1 2 3

521
huge
[hjuːdʒ]

형 거대한, 엄청난   유 big 큰, large (규모가) 큰
Some animals are **huge**. 어떤 동물들은 아주 크다.

522
tiny
[táini]

형 아주 작은, 아주 적은   유 small 작은
Some animals are **tiny**. 어떤 동물들은 아주 작다.

523
other
[ʌ́ðər]

형 1. 다른   2. (the -) (둘 중) 다른 하나의   *some 어떤; 몇몇, 어떤 것들
Some animals eat **other** animals. 어떤 동물들은 다른 동물들을 먹는다.
One is tiny, and the **other** is huge. 하나는 아주 작고 다른 하나는 아주 크다.

524
others
[ʌ́ðərz]

명 다른 것들, 다른 사람들
Some eat meat, but **others** eat plants.
어떤 동물들은 육식을 하지만 다른 동물들은 식물을 먹는다.
Some people eat meat, but **others** don't.
어떤 사람들은 고기를 먹지만 다른 사람들은 먹지 않는다.

525
dangerous
[déindʒərəs]

형 위험한
a **dangerous** animal 위험한 동물
Wild animals are **dangerous**. 야생 동물은 위험하다.
*danger 명 위험

526
safe
[seif]

형 안전한, 무사한
a **safe** place 안전한 장소
how to stay **safe** 안전하게 지내는 방법
*safely 부 무사히, 안전하게

527
most
[moust]

부 가장, 가장 많이   형 가장 많은[큰], 대부분(의)
the **most** dangerous animal 가장 위험한 동물
Most wild animals are dangerous.
대부분의 야생 동물은 위험하다.
*more 형 더 (많은) 부 더 (많이)

528
chance
[tʃæns]

명 1. 기회, 가능성   2. 우연
wait for a **chance** 기회를 기다리다
I met him by **chance**. 나는 그를 우연히 만났다.

529
kill
[kil]

동 죽이다

Some **kill** other animals. 어떤 동물들은 다른 동물들을 죽인다.

530
survive
[sərváiv]

동 살아남다, 생존하다

How do animals **survive** in winter?
겨울에 동물들은 어떻게 **생존할**까?

531
fox
[faks]

명 여우 *복수형 foxes

Some **foxes** change colors. 어떤 **여우들**은 색깔을 바꾼다.

532
hide
[haid]

동 1. 숨다 2. 감추다, 숨기다 (hid-hidden)

Some foxes **hide** in the snow. 어떤 여우들은 눈 속에 **숨는다**.
They try to **hide** from dangerous animals.
그들은 위험한 동물들로부터 **숨으려** 애쓴다.

533
strange
[streindʒ]

형 이상한, 낯선

a **strange**-looking animal   이상하게 생긴 동물
a **strange** city   낯선 도시
*stranger 명 낯선 사람, 이방인

534
dinosaur
[dáinəsɔ̀ːr]

명 공룡

dinosaur bones   공룡 뼈들
Dinosaurs lived long ago. 공룡들은 오래 전에 살았었다.

535
die
[dai]

동 죽다, 사라지다

Dinosaurs **died** a long time ago. 공룡들은 오래 전에 **죽었다**.
Why did the dinosaurs **die**? 왜 공룡들은 **죽었을까**?

536
dead
[ded]

형 죽은, 생명이 없는 반 alive 살아 있는

find a **dead** animal   죽은 동물을 발견하다
dead dinosaurs   죽은 공룡들
dead leaves   마른 잎, 고엽

537
issue
[íʃuː]

명 문제, 사안, 쟁점거리

People like to talk about the **issue**.
사람들은 그 **사안**에 대해 말하기를 좋아한다.

538
case
[keis]

명 1. (특정한 상황의) 경우   2. 용기, 통

In this **case**, the answer is clear. 이 **경우**, 답은 명백하다.
Keep it in a glass **case**. 그것을 유리 **용기** 안에 보관해라.

539
die out

멸종하다, 소멸하다

The dinosaurs **died out** long ago. 공룡들은 오래 전에 **멸종했다**.
Why did the dinosaurs **die out**? 왜 공룡들은 **멸종했**을까?

540
find out

알아내다, 찾아내다

Did you **find out** the answer? 너는 답을 **찾았**니?
How did you **find** that **out**? 너는 그것을 어떻게 **알아냈**니?

Check Up

A 각 영어 단어의 우리말 뜻을 쓰세요.

1. other _____
2. others _____
3. chance _____
4. kill _____
5. survive _____
6. hide _____
7. strange _____
8. dinosaur _____
9. die _____
10. dead _____
11. issue _____
12. case _____

B 우리말에 맞게 빈칸에 알맞은 말을 넣으세요.

1. 가장 위험한 동물   the _____ dangerous animal
2. 기회를 기다리다   wait for a _____
3. 안전하게 지내는 방법   how to stay _____
4. 답을 찾아내다   _____ the answer
5. 왜 공룡들은 멸종했을까?   Why did the dinosaurs _____?

Picture Review

● 그림이 나타내는 단어를 <보기>에서 골라, 우리말 뜻과 함께 쓰세요.

dangerous
safe
huge
tiny
hide
kill
survive
dinosaur

1.

2.

3.

4.

5.

6.

7.

8.

DAY 28

Listen & Say 1 2 3

541
magic
[mǽdʒik]

명 마법, 마술
a **magic** lamp 요술 램프
In the story, Harry can do **magic**.
그 이야기에서 해리는 **마법**을 부릴 수 있다.
*magical 형 마법의, 마술적인

542
wonderful
[wʌ́ndərfəl]

형 아주 멋진, 경이로운
How **wonderful**! 얼마나 **멋진지**!
What a **wonderful** world! 얼마나 **멋진** 세상인지!

543
king
[kiŋ]

명 왕, 국왕
the lion, the **king** of the jungle 밀림의 **왕**, 사자
the **king** of England 영국의 **국왕**
*kingdom 명 왕국

544
queen
[kwi:n]

명 여왕
the Snow **Queen** 눈의 여왕

545
castle
[kǽsl]

명 성
a huge **castle** on a hill 언덕 위의 거대한 **성**
the most beautiful **castle** in the world
세상에서 가장 아름다운 **성**

546
palace
[pǽlis]

명 궁전, 왕실
The king lived in a big **palace**. 그 왕은 커다란 **궁전**에 살았다.

547
couple
[kʌpl]

명 1. 둘, 한 쌍 2. 두어 명[개]
a happy **couple** 행복한 한 쌍
a **couple** of children 두어 명의 아이들

548
marry
[mǽri]

동 (~와) 결혼하다 유 get married 결혼하다
Will you **marry** me? 저와 **결혼해** 주시겠습니까?
They got **married**. 그들은 **결혼**을 했다.

549
wedding
[wédiŋ]

명 결혼, 결혼식

have a big **wedding** 성대한 **결혼식**을 올리다
a **wedding** ring 결혼 반지

550
forever
[fərévər]

부 영원히

I'll love you **forever.** 난 **영원히** 당신을 사랑하겠소.
They lived happily **forever.** 그들은 **영원히** 행복하게 살았다.

551
god
[ɡɑd]

명 1. 신, 남신 반 goddess 여신 2. 하느님, 창조주(God)

the Greek **gods** 그리스 신들

552
control
[kəntróul]

동 지배하다, 통제하다 유 rule 지배하다

In the story, the gods **controlled** the world.
그 이야기에서는 신들이 세상을 **다스렸다**.

553
believe
[bilíːv]

동 믿다, 믿음이 있다

Do you **believe** in God? 당신은 신(창조주)을 **믿나요**?
What a surprise! Can you **believe** this?
와, 놀라워라! 넌 이걸 **믿을** 수가 있니?

554
however
[hauévər]

접 그렇지만, 그러나 유 but 그러나

I believe in God. **However,** I don't go to church.
나는 신을 믿는다. **하지만** 교회는 가지 않는다.

555
once
[wʌns]

부 한 번, 1회

I read the story **once.** 나는 그 이야기를 **한 번** 읽었다.
once a week 일주일에 한 번

556
twice
[twais]

부 1. 두 번, 2회 2. 두 배로 = two times

I watched the movie **twice.** 나는 그 영화를 **두 번** 봤다.
twice a month 한 달에 **두 번**
It's **twice** the size of Seoul. 그것은 서울의 두 배 크기이다.

557
time
[taim]

명 1. 시간, 때 2. (반복되는 행위의) 번, 회

Do you have the **time**? 지금 몇 시예요(시계 있으세요)?
How many **times** a day do you brush your teeth?
너는 하루에 몇 **번** 이를 닦니?
three **times** a day   하루에 세 번

558
turn
[təːrn]

동 1. 돌다; 돌리다 2. (~로) 변하다   유 change 변하다

He **turned** his stick three times. 그가 그의 지팡이를 세 번 **돌렸다**.
The prince **turned** into a frog. 왕자는 개구리로 **변했다**.

559
once upon a time

옛날 옛적에

Once upon a time, there was a beautiful princess.
옛날 옛적에 한 아름다운 공주가 있었습니다.
Once upon a time, there lived a king. 옛날에 한 왕이 살고 있었어요.

560
ever after

그 뒤로 쭉, 내내 = forever

And they lived happily **ever after**. 그리고 그들은 **내내** 행복하게 살았답니다.

Check Up

A 각 영어 단어의 우리말 뜻을 쓰세요.

1. wonderful _____
2. castle _____
3. palace _____
4. couple _____
5. marry _____
6. wedding _____
7. forever _____
8. god _____
9. control _____
10. believe _____
11. however _____
12. turn _____

B 우리말에 맞게 빈칸에 알맞은 말을 넣으세요.

1. 일주일에 한 번   _____ a week
2. 한 달에 두 번   _____ a month
3. 하루에 세 번   three _____ a day
4. 옛날 옛적에   once upon _____
5. 얼마나 멋진 세상인지!   What a _____ world!

Picture Review

● 그림이 나타내는 단어를 <보기>에서 골라, 우리말 뜻과 함께 쓰세요.

1.
2.
3.
4.
5.
6.
7.
8.

magic

queen

king

god

turn

castle

wedding

believe

DAY 28 141

DAY 25-28 Review Test 07

A 그림을 보고, 빈칸에 들어갈 알맞은 알파벳을 쓰세요.

1.
_ _ing

2.
brea_ _ _

3.
_ _cycle

4.
_ _use

5.
_ _ash

6.
re_ _ _ _ce

7.
dino_ _ _ _

8.
cl_ _ _

9.
cou_ _ _ _

10.
wonder_ _ _

B 그림을 보고, 빈칸에 알맞은 단어를 넣으세요.

strange	dead	cover	save	marry	palace

1.  ____________

2.  ____________

3.  ____________

4.  ____________

5.  ____________

6.  ____________

C 우리말과 같은 뜻이 되도록 빈칸에 알맞은 단어/숙어를 넣으세요.

the most	chance	find out	twice	hide

1. 기회를 기다리다 wait for a ____________
2. 답을 찾아내다 ____________ the answer
3. 가장 위험한 동물 ____________ dangerous animal
4. 눈 속에 숨다 ____________ in the snow
5. 한 달에 두 번 만나다 meet ____________ a month

D 주어진 단어와 반대의 뜻을 가진 단어를 <보기>에서 골라 쓰세요.

> waste   much   safe   survive

1. little _____
2. save _____
3. die _____
4. dangerous _____

E 주어진 단어와 비슷한 뜻을 가진 단어를 <보기>에서 골라 쓰세요.

> turn   however   forever   huge

1. big _____
2. but _____
3. change _____
4. ever after _____

F 우리말 뜻에 알맞은 단어/숙어를 <보기>에서 골라 문장을 완성하세요.

> believe in   made of   die out   covered with

1. 땅은 온통 나뭇잎으로 뒤덮여 있었다.
   The ground was _____ leaves.
2. 지구는 땅과 물로 이루어져 있다.
   Earth is _____ land and water.
3. 왜 공룡들은 멸종했을까?
   Why did the dinosaurs _____?
4. 당신은 신(창조주)을 믿나요?
   Do you _____ God?

G 읽을 수 있는 단어에 체크한 후, 우리말 뜻을 빈칸에 써 보세요.

- [ ] ground _____
- [ ] area _____
- [ ] cover _____
- [ ] soil _____
- [ ] enough _____
- [ ] little _____
- [ ] energy _____
- [ ] air _____
- [ ] breathe _____
- [ ] resource _____
- [ ] thing _____
- [ ] save _____
- [ ] waste _____
- [ ] example _____
- [ ] project _____
- [ ] recycle _____
- [ ] trash _____
- [ ] use _____
- [ ] pick _____
- [ ] clear _____

- [ ] tiny _____
- [ ] dangerous _____
- [ ] chance _____
- [ ] kill _____
- [ ] survive _____
- [ ] hide _____
- [ ] strange _____
- [ ] dinosaur _____
- [ ] die _____
- [ ] issue _____
- [ ] magic _____
- [ ] castle _____
- [ ] palace _____
- [ ] couple _____
- [ ] wedding _____
- [ ] forever _____
- [ ] god _____
- [ ] control _____
- [ ] believe _____
- [ ] turn _____

Review Test 07

DAY 29

Listen & Say 1 2 3

561
elementary
[èləméntəri]

형 1. 초급의, 초보의 2. 기본적인 유 basic 기본적인

elementary school 초등학교
an **elementary** school student 초등학교 학생

562
college
[kálidʒ]

명 대학, 대학교 유 university 종합 대학

a **college** student 대학생
go to **college** 대학에 진학하다

563
gym
[dʒim]

명 1. 체육관 2. 헬스클럽 유 health club 헬스클럽

play basketball in the **gym** 체육관에서 농구를 하다
join a **gym** 헬스클럽에 가입하다

564
court
[kɔːrt]

명 1. (테니스 등의) 코트, 경기장 2. 법정, 법원

a tennis **court** 테니스 코트
play on a basketball **court** 농구 코트에서 경기를 하다

565
cafeteria
[kæfətíəriə]

명 구내식당, 카페테리아

have lunch at the **cafeteria** 구내식당에서 점심을 먹다
We wait in line at the **cafeteria**. 카페테리아에서 우리는 줄을 선다.

566
library
[láibrèri]

명 도서관, 자료실

read books in the **library** 도서관에서 책을 읽다
You should keep quiet in the **library**.
도서관에서는 조용히 해야 한다.

567
teach
[tiːtʃ]

동 가르치다 (taught-taught)

Teachers **teach** students. 선생님들은 학생들을 가르친다.
She is **teaching** me English. 그녀는 내게 영어를 가르치고 있다.

568
learn
[ləːrn]

동 배우다, 익히다 유 study 공부하다, 배우다

I'm **learning** English. 나는 영어를 배우고 있다.
learn to ride a bicycle 자전거 타는 법을 익히다

569
exam
[igzǽm]

명 1. 시험 2. (의학적) 검사 = examination 유 test 시험

take an **exam** 시험을 치르다
take an eye **exam** 눈 검사를 받다

570
quiz
[kwiz]

명 (간단한) 시험, 퀴즈

We had a math **quiz** today. 우리는 오늘 수학 쪽지 시험을 봤다.
a **quiz** show on TV 텔레비전의 퀴즈 쇼

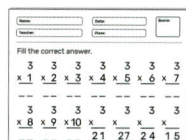

571
solve
[sɑlv]

동 (문제를) 풀다, 해결하다

solve a puzzle 퍼즐을 풀다

572
problem
[prɑ́bləm]

명 1. 문제, 골칫거리 2. (수학) 문제

We solved the **problem**. 우리는 그 문제를 해결했다.
Can you solve this math **problem**?
너는 이 수학 문제를 풀 수 있니?

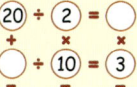

573
easy
[íːzi]

형 쉬운, 편한

an **easy** exam 쉬운 시험
It was very **easy**. 그것은 아주 쉬웠다.

574
difficult
[dífikʌlt]

형 어려운, 힘든 유 hard 어려운, 힘든

a **difficult** problem 어려운 문제
It was very **difficult**. 그것은 아주 어려웠다.

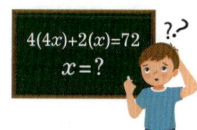

575
pass
[pæs]

동 1. 지나가다 2. 건네주다 3. (시험에) 합격하다
명 합격, 통과

Pass the salt, please. 그 소금 좀 건네주세요.
He **passed** all the exams. 그는 모든 시험에 합격했다.

576
fail
[feil]

동 1. 실패하다 2. (시험에) 떨어지다 명 낙제, 불합격

I **failed** the test. 나는 그 시험에 떨어졌다.
I got three passes and one **fail**.
난 세 과목은 합격하고 하나는 낙제했다.

577
festival
[féstəvəl]

명 축제

a music **festival** 음악 축제
have a **festival** every year 해마다 축제를 열다

578
contest
[kántest]

명 대회, 시합, 콘테스트

enter a **contest** 대회에 참가하다
I entered the dance **contest**. 나는 댄스 경연 대회에 참가했다.

579
follow the rules

규칙을 따르다, 규칙을 지키다

We **follow the rules** at school. 우리는 학교에서 규칙을 지킨다.
You must **follow the rules**. 너는 반드시 규칙을 따라야 한다.

580
pass an exam

시험을 통과하다, 시험에 합격하다

I hope you **pass the exam**. 네가 그 시험에 합격하길 바란다.
I **passed the exam**! 나 그 시험에 합격했어!

Check Up

A 각 영어 단어의 우리말 뜻을 쓰세요.

1. elementary _____ 2. college _____
3. court _____ 4. cafeteria _____
5. teach _____ 6. learn _____
7. exam _____ 8. solve _____
9. problem _____ 10. easy _____
11. difficult _____ 12. contest _____

B 우리말에 맞게 빈칸에 알맞은 말을 넣으세요.

1. 초등학교 학생   an _____ school student
2. 카페테리아에서 점심을 먹다   have lunch at the _____
3. 시험을 치르다   take an _____
4. 대회에 참가하다   enter a _____
5. 나 그 시험에 합격했어!   I _____ the exam!

Picture Review

● 그림이 나타내는 단어를 <보기>에서 골라, 우리말 뜻과 함께 쓰세요.

1.

2.

| college |
| elementary |
| court |
| cafeteria |
| festival |
| library |
| solve |
| gym |

3.

4.

5.

6.

7.

8.

DAY 29

DAY 30

Listen & Say 1 2 3

581
grade
[greid]

명 1. 학년 2. 성적, 학점

I'm in the fifth **grade**. 나는 5학년이다.
What **grade** are you in? 너는 몇 학년이니?
get good **grades** on the exam 시험에서 좋은 **성적**을 받다

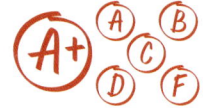

582
note
[nout]

명 1. 쪽지, 메모 2. (수업 등의) 필기, 노트

I'll leave a **note** for you. 너를 위해 메모를 남길게.
I always take **notes** in class.
나는 항상 수업 시간에 **필기**를 한다.

583
textbook
[tékstbuk]

명 교과서

an English **textbook** 영어 교과서
Open your **textbook** to page 50. 교과서 50쪽을 펴세요.

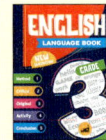

584
notebook
[nóutbuk]

명 공책

Can I borrow your **notebook**? 네 **공책** 좀 빌릴 수 있을까?

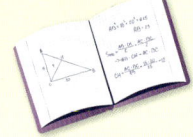

585
history
[hístəri]

명 역사

I like **history** class. 나는 **역사** 수업을 좋아한다.

586
social studies
[sóuʃəl stádiz]

명 사회

a **social studies** textbook 사회 교과서
Social studies class is fun. 사회 수업은 재미있다.

587
course
[kɔːrs]

명 1. 강좌, 강의 2. 경로, 방향

take a French **course** 프랑스어 **강좌**를 듣다

588
topic
[tápik]

명 화제, 주제 유 subject 학과목, 주제

the main **topic** 주요 화제[주제]
What's the **topic** of the meeting?
회의의 **주제**는 무엇인가요?

589
conversation
[kànvərséiʃən]

명 대화, 회화

the main topic of a **conversation** 대화의 주제
a telephone **conversation** 전화 대화

590
dialogue
[dáiəlɔ̀:g]

명 (책·연극·영화에 나오는) 대화

a **dialogue** between two actors 두 배우 간의 대화
Listen to the **dialogue**. 다음 대화를 잘 들으세요.

591
could
[kud]

동 1. ~할 수 있었다 2. ~해도 좋다 *can의 과거형

In the story, Harry **could** do magic.
그 이야기에서 해리는 마술을 할 수 있었다.
Could I use your phone, please? 전화 좀 써도 될까요?

592
would
[wud]

동 1. ~일 것이다 2. ~할 텐데 3. ~하고 싶다 *will의 과거형

I knew they **would** come. 나는 그들이 올 줄 알았다.
That **would** be very nice. 그러면 아주 좋을 텐데.
Would you like a sandwich? 샌드위치 드시겠어요?

593
agree
[əgríː]

동 동의하다, 찬성하다

I **agree** with you. 나는 당신에게 동의합니다.
I don't **agree** with you. 나는 당신에게 동의하지 않습니다.
*agreement 명 동의, 합의

594
disagree
[dìsəgríː]

동 동의하지 않다, 의견이 다르다

I **disagree**. 나는 반대합니다.
I **disagree** with him on that point.
그 점에 대해 나는 그에게 동의하지 않는다.
*disagreement 명 불일치, 의견 차이

595
sure
[ʃuər]

형 확실한, 확신하는

Are you **sure**? 확실해? / 틀림없어?
I'm **sure** of it. 나는 그것을 확신해.

596
certain
[sə:rtn]

형 확실한, 틀림없는

Are you **certain** about that? 그거 확실해(확신할 수 있어)?
I'm not **certain**. 확실치 않아. / 잘 모르겠어.
*certainly 부 확실히

597
right
[rait]

(형) 1. 옳은, 올바른 2. 맞는 (유) correct 맞는, 정확한 3. 오른쪽의

I think you are **right**. 난 네 말이 **맞다**고 생각해.
That's the **right** answer. 정답입니다.

598
wrong
[rɔːŋ]

(형) 1. 옳지 못한 2. 틀린, 잘못된

a **wrong** decision 잘못된 결정
That's the **wrong** answer. 오답입니다.
What's **wrong** with you? 무슨 일이야(너 무슨 일 있니)?

599
Would you like to...?

~하시겠어요? *상대의 의향을 묻는 공손한 표현

Would you like to try? 한번 도전해 보시겠어요?
Would you like to join us? 저희랑 함께하시겠어요?

600
I'd like to

~하고 싶어요, ~하려고 하는데요 = I would like to

I'd like to invite you. 당신을 초대하고 싶습니다.
I'd like to, but I have to work. 저도 그러고 싶지만, 일을 해야 해요.

Check Up

A 각 영어 단어의 우리말 뜻을 쓰세요.

1. grade _____
2. textbook _____
3. history _____
4. social studies _____
5. course _____
6. topic _____
7. dialogue _____
8. could _____
9. would _____
10. agree _____
11. sure _____
12. certain _____

B 우리말에 맞게 빈칸에 알맞은 말을 넣으세요.

1. 나는 6학년이다. I'm in the _____.
2. 프랑스어 강좌를 듣다 take a French _____
3. 잘못된 결정 a _____ decision
4. 해리는 마술을 할 수 있었다. Harry _____ do magic.
5. 한번 도전해 보시겠어요? _____ you like to try?

Picture Review

● 그림이 나타내는 단어를 <보기>에서 골라, 우리말 뜻과 함께 쓰세요.

history	conversation
note	textbook
disagree	agree
wrong	right

1.

2.

3.

4.

5.

6.

7.

8.

DAY 31

Listen & Say 1 2 3

601
calendar
[kǽləndər]

명 1. 달력 2. 일정표, 연중 행사표

a **calendar** for 2030   2030년도 달력
the school **calendar**   (학교) 학사 일정

602
date
[deit]

명 1. 날짜 2. 만날 약속, 데이트

What's the **date** today? 오늘이 며칠인가요?
What's your **date** of birth? 당신의 생년월일은 어떻게 되나요?
I have a **date** with Lucy. 나는 루시랑 데이트가 있다.

603
twenty-first
[twénti-fə́ːrst]

명 21번째, 21일 = 21st

It's the **twenty-first** of September. 9월 21일이다.
my **twenty-first** birthday 나의 21번째 생일

604
twenty-second
[twénti-sékənd]

명 22번째, 22일 = 22nd

It's the **twenty-second** of October. 10월 22일이다.
It's my **twenty-second** birthday. 나의 22번째 생일이다.

605
twenty-third
[twénti-θə́ːrd]

명 23번째, 23일 = 23rd

It's the **twenty-third** of November. 11월 23일이다.

606
twenty-fourth
[twénti-fɔ́ːrθ]

명 24번째, 24일 = 24th

It's the **twenty-fourth** of December. 12월 24일이다.
Is today the **twenty-fourth**? 오늘이 24일이니?

607
schedule
[skédʒuːl]

명 일정, 스케줄   유 plan 계획

a train **schedule**   기차 운행 시간표

608
weekly
[wíːkli]

형 매주의, 주 단위의, 주 1회의

my **weekly** schedule 나의 주간 스케줄
weekly meetings 주간(주 1회 하는) 회의
*weekend 명 주말   *weekday 명 주중

609
when [hwen]

튀 언제 접 ~하는 때, ~하면

When do you leave? 너는 언제 떠나니?
I lived there **when** I was a baby.
나는 아기였을 **때** 거기 살았다.

610
why [hwai]

튀 1. 왜, 어째서 2. ~한 이유

Why were you so late? 너는 왜 그렇게 늦었니?
That's **why** I'm late. 그게 내가 늦은 이유야(그래서 내가 늦은 거야).

611
congratulation [kəngrætʃuléiʃən]

명 축하 (인사)

"I passed the exam." – "**Congratulations!**"
"나 시험 합격했어." – "**축하해!**"
a letter of **congratulation** 축하 편지
*congratulate 동 축하하다

612
tonight [tənáit]

튀 오늘 밤에 명 오늘 밤

We will have a party **tonight**.
오늘 밤에 우리는 파티를 열 거야.
Tonight will be fun. 오늘 밤 재미있을 거야.

613
later [léitər]

튀 나중에, 뒤에

See you **later**. 나중에 또 봐.
We met three days **later**. 우리는 삼일 후에 만났다.

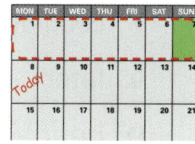

614
last [læst]

형 1. 지난, 가장 최근의 2. 마지막의 튀 마지막으로

last night 지난밤, 어젯밤
Last week, we visited Jeju Island.
지난주에 우리는 제주도에 갔다.

615
hour [auər]

명 시간, 1시간

wait for an **hour** 한 시간 동안 기다리다
There are 24 **hours** in a day. 하루에는 24시간이 있다.

616
half [hæf]

명 반, 절반 형 반의, 2분의 1의

wait for **half** an hour 반 시간 동안 기다리다
He ate **half** of the cake. 그는 케이크의 절반을 먹었다.

617
minute
[mínit]

명 1. (시간 단위의) 분　2. 순간, 잠깐

Hurry up. I'll give you five **minutes**. 서둘러. 네게 5분 줄게.
Wait a **minute**. 잠깐만 기다려.

618
second
[sékənd]

명 1. (시간 단위의) 초　2. 순간, 잠깐　형 두 번째의

He can run 100 meters in 12 **seconds**.
그는 100미터를 12초에 달릴 수 있다.
This is the **second** time. 이번이 두 번째이다.

619
on time

제시간에 정확히, 정각에

The plane arrived **on time**. 비행기는 제시간에 도착했다.
The bus came right **on time**. 버스는 정각에 왔다.

620
one day

1. 언젠가는 (미래)　2. 어느 날 (과거)

One day, we will meet again. 언젠가 우리는 다시 만날 것이다.
One day, he met a girl. 어느 날 그는 한 소녀를 만났다.

Check Up

A 각 영어 단어의 우리말 뜻을 쓰세요.

1. calendar _____
2. date _____
3. twenty-first _____
4. twenty-second _____
5. schedule _____
6. weekly _____
7. congratulation _____
8. tonight _____
9. later _____
10. last _____
11. hour _____
12. half _____

B 우리말에 맞게 빈칸에 알맞은 말을 넣으세요.

1. 나의 21번째 생일　　my _____ birthday
2. 나의 주간 스케줄　　my _____ schedule
3. 축하 편지　　a letter of _____
4. 반 시간 동안 기다리다　　wait for _____ an hour
5. 잠깐만 기다려.　　Wait a _____ .

Picture Review

● 그림이 나타내는 단어를 <보기>에서 골라, 우리말 뜻과 함께 쓰세요.

1.

2.

3.

4.

5.

6.

7.

8.

schedule

twenty-third

twenty-fourth

half

calendar

second

minute

hour

DAY 32

Listen & Say 1 2 3

621 hundred [hʌ́ndrəd]
명 백, 100 형 (수없이) 많은, 수백의
five **hundred** 오백, 500
a **hundred** times 백 번, (수없이) 여러 번
hundreds of people 수백 명의 사람들

622 thousand [θáuzənd]
명 천, 1000 형 수천의, 수많은
three **thousand** 삼천, 3,000
a **thousand** times 천 번, 수천 번
thousands of people 수천 명의(수많은) 사람들

623 dollar [dálər]
명 달러 (미국의 화폐 단위)
five hundred **dollars** 500달러

624 bill [bil]
명 1. 지폐 2. 고지서, 계산서
a ten-dollar **bill** 10달러짜리 지폐
the gas **bill** 가스 요금 고지서
*coin 명 동전

625 cheap [tʃiːp]
형 (값이) 싼, 싸구려의
a **cheap** restaurant 싼 식당
cheap shoes 싸구려 신발

626 expensive [ikspénsiv]
형 (값이) 비싼, 고가의
an **expensive** car 비싼 자동차
It's too **expensive**. 그것은 너무 비싸다.

627 money [mʌ́ni]
명 돈
make a lot of **money** 많은 돈을 벌다
save some **money** 돈을 좀 모으다

628 cash [kæʃ]
명 현금, 현찰
I don't have any **cash** on me. 나는 현금을 갖고 있지 않다.
Credit card or **cash**? 신용 카드로 하시겠어요, 현금으로 하시겠어요?
Cash, please. 현금으로 할게요.

629
cost [kɔːst]

명 비용, 값 동 (비용·값이) 들다 (cost-cost)

the **cost** of living 생활비
It **costs** too much. 그것은 너무 **비용이 든다**(비싸다).

630
pay [pei]

동 (돈을) 내다, 지불하다 명 급료, 보수

I will **pay** in cash. 현금으로 **지불할**게요.
I'll **pay** with my credit card. 신용 카드로 **지불할**게요.

631
buy [bai]

동 사다, 구입하다 (bought-bought)

buy a new jacket 새 재킷을 **사다**
I **bought** a new jacket. 나는 새 재킷을 **샀다**.

632
sell [sel]

동 팔다, 팔리다 (sold-sold)

sell drinks and snacks 음료와 간식을 **팔다**
They **sold** drinks and snacks. 그들은 음료와 간식을 **팔았다**.

633
sale [seil]

명 1. 판매 2. 할인 판매, 세일

a house for **sale** 판매용 주택
The **sale** starts next week. **세일**은 다음 주에 시작한다.
It's on **sale** now. 그것은 지금 **세일** 중이다.

634
customer [kʌ́stəmər]

명 (상점의) 손님, 고객

a big **customer** 큰(손) 고객
the shop's biggest **customer** 그 가게의 가장 큰 **고객**
*shopper 명 쇼핑객 *guest 명 (행사의) 손님, 하객

635
rich [ritʃ]

형 부유한, 돈 많은

He is a very **rich** man. 그는 아주 **부자**이다.
the **rich** 부자들

636
poor [puər]

형 가난한

He was very **poor**. 그는 아주 **가난했다**.
the **poor** 가난한 사람들

637
business
[bíznis]

명 1. 사업, 장사 2. 일, 업무

start a small **business** 작은 **사업**을 시작하다
Business hours are from 9 a.m. to 6 p.m.
영업 시간은 오전 9시부터 오후 6시까지이다.

638
staff
[stæf]

명 참모, 직원

The **staff** in this store is kind. 이 가게의 **직원들**은 친절하다.
He has ten **staff** members in his office.
그는 사무실에 10명의 **직원**을 두고 있다.

639
hundreds of

수백의, 수많은 *thousands of 수천의, 수많은

There are **hundreds of** banks in this town. 이 동네에는 **수많은** 은행이 있다.
There were **hundreds of** people at the pool. 수영장에는 **수백** 명이 있었다.

640
make money

돈을 벌다

People work to **make money**. 사람들은 **돈을 벌기** 위해 일한다.
He **made** lots of **money** when he was young. 그는 젊었을 때 많은 **돈을 벌었다**.

Check Up

A 각 영어 단어의 우리말 뜻을 쓰세요.

1. cheap _____
2. expensive _____
3. money _____
4. cash _____
5. cost _____
6. pay _____
7. buy _____
8. sell _____
9. rich _____
10. poor _____
11. business _____
12. staff _____

B 우리말에 맞게 빈칸에 알맞은 말을 넣으세요.

1. 수백 명의 사람들   _____ of people
2. 생활비   the _____ of living
3. 새 재킷을 사다   _____ a new jacket
4. 부자들   the _____
5. 사람들은 돈을 벌기 위해 일한다.   People work to _____.

Picture Review

● 그림이 나타내는 단어를 <보기>에서 골라, 우리말 뜻과 함께 쓰세요.

bill	dollar
expensive	hundred
thousand	customer
sale	pay

1.

2.

3.

4.

5.

6.

7.

8.

Review Test 08

A 그림을 보고, 빈칸에 들어갈 알맞은 알파벳을 쓰세요.

1.
elemen_ _ _ _

2.
lib_ _ _ _ _

3.
conver_ _ _ _ _ _ _

4.
congratu_ _ _ _ _ _ _

5.
cafete_ _ _

6.
calen_ _ _

7.
_ _ _ _ _dule

8.
_ _ _ _ _red

9.
_ _our

10.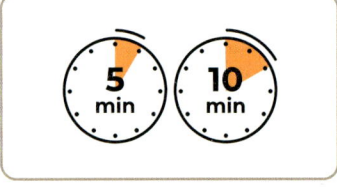
mi_ _ _ _

B 그림을 보고, 빈칸에 알맞은 단어를 넣으세요.

teach   college   money   festival   business   social studies

1. _____
2. _____
3. _____
4. _____
5. _____
6. _____

C 우리말과 같은 뜻이 되도록 빈칸에 알맞은 단어/숙어를 넣으세요.

the poor   contest   last   date   thousands of

1. 대회에 참가하다   enter a _____
2. 너의 생년월일   your _____ of birth
3. 지난밤, 어젯밤   _____ night
4. 가난한 사람들을 돕다   help _____
5. 수천 명의 사람들   _____ people

D 주어진 단어와 반대의 뜻을 가진 단어를 <보기>에서 골라 쓰세요.

| fail | poor | disagree | difficult |

1. easy _____
2. pass _____
3. agree _____
4. rich _____

E 주어진 단어와 비슷한 뜻을 가진 단어를 <보기>에서 골라 쓰세요.

| gym | elementary | exam | certain |

1. test _____
2. sure _____
3. basic _____
4. health club _____

F 우리말 뜻에 알맞은 단어/숙어를 <보기>에서 골라 문장을 완성하세요.

| pass | grade | in cash | would like to |

1. 네가 시험에 합격하길 바란다.

   I hope you _____ the exam.

2. 당신을 초대하고 싶습니다.

   I _____ invite you.

3. 너는 몇 학년이니?

   What _____ are you in?

4. 현금으로 지불할게요.

   I will pay _____.

G 읽을 수 있는 단어에 체크한 후, 우리말 뜻을 빈칸에 써 보세요.

☐ elementary _____	☐ calendar _____
☐ college _____	☐ date _____
☐ teach _____	☐ twenty-first _____
☐ learn _____	☐ twenty-second _____
☐ solve _____	☐ schedule _____
☐ problem _____	☐ weekly _____
☐ easy _____	☐ congratulation _____
☐ difficult _____	☐ tonight _____
☐ fail _____	☐ later _____
☐ contest _____	☐ last _____
☐ grade _____	☐ hundred _____
☐ textbook _____	☐ thousand _____
☐ history _____	☐ cheap _____
☐ social studies _____	☐ expensive _____
☐ course _____	☐ money _____
☐ topic _____	☐ cash _____
☐ could _____	☐ pay _____
☐ would _____	☐ cost _____
☐ agree _____	☐ buy _____
☐ sure _____	☐ sell _____

More Words to Know

Numbers 수

1 one 2 two 3 three 4 four 5 five
6 six 7 seven 8 eight 9 nine 10 ten

11 eleven 12 twelve 13 thirteen 14 fourteen 15 fifteen
16 sixteen 17 seventeen 18 eighteen 19 nineteen 20 twenty

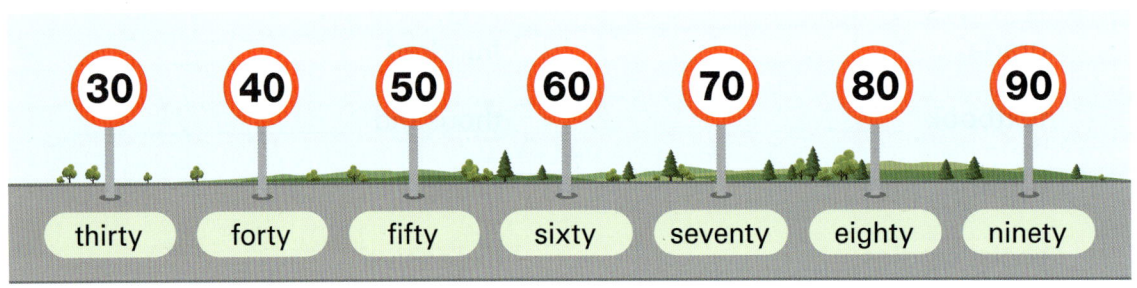

30 thirty 40 forty 50 fifty 60 sixty 70 seventy 80 eighty 90 ninety

100 hundred 백

1,000 thousand 천

1,000,000 million 백만

1,000,000,000 billion 십억

166

Months & Dates
월과 날짜

January	February	March
1월	2월	3월

April	May	June
4월	5월	6월

July	August	September
7월	8월	9월

October	November	December
10월	11월	12월

SUN	MON	TUE	WED	THU	FRI	SAT
1 1st first	2 2nd second	3 3rd third	4 4th fourth	5 5th fifth	6 6th sixth	7 7th seventh
8 8th eighth	9 9th ninth	10 10th tenth	11 11th eleventh	12 12th twelfth	13 13th thirteenth	14 14th fourteenth
15 15th fifteenth	16 16th sixteenth	17 17th seventeenth	18 18th eighteenth	19 19th nineteenth	20 20th twentieth	21 21st twenty-first
22 22nd twenty-second	23 23rd twenty-third	24 24th twenty-fourth	25 25th twenty-fifth	26 26th twenty-sixth	27 27th twenty-seventh	28 28th twenty-eighth
29 29th twenty-ninth	30 30th thirtieth	31 31st thirty-first				

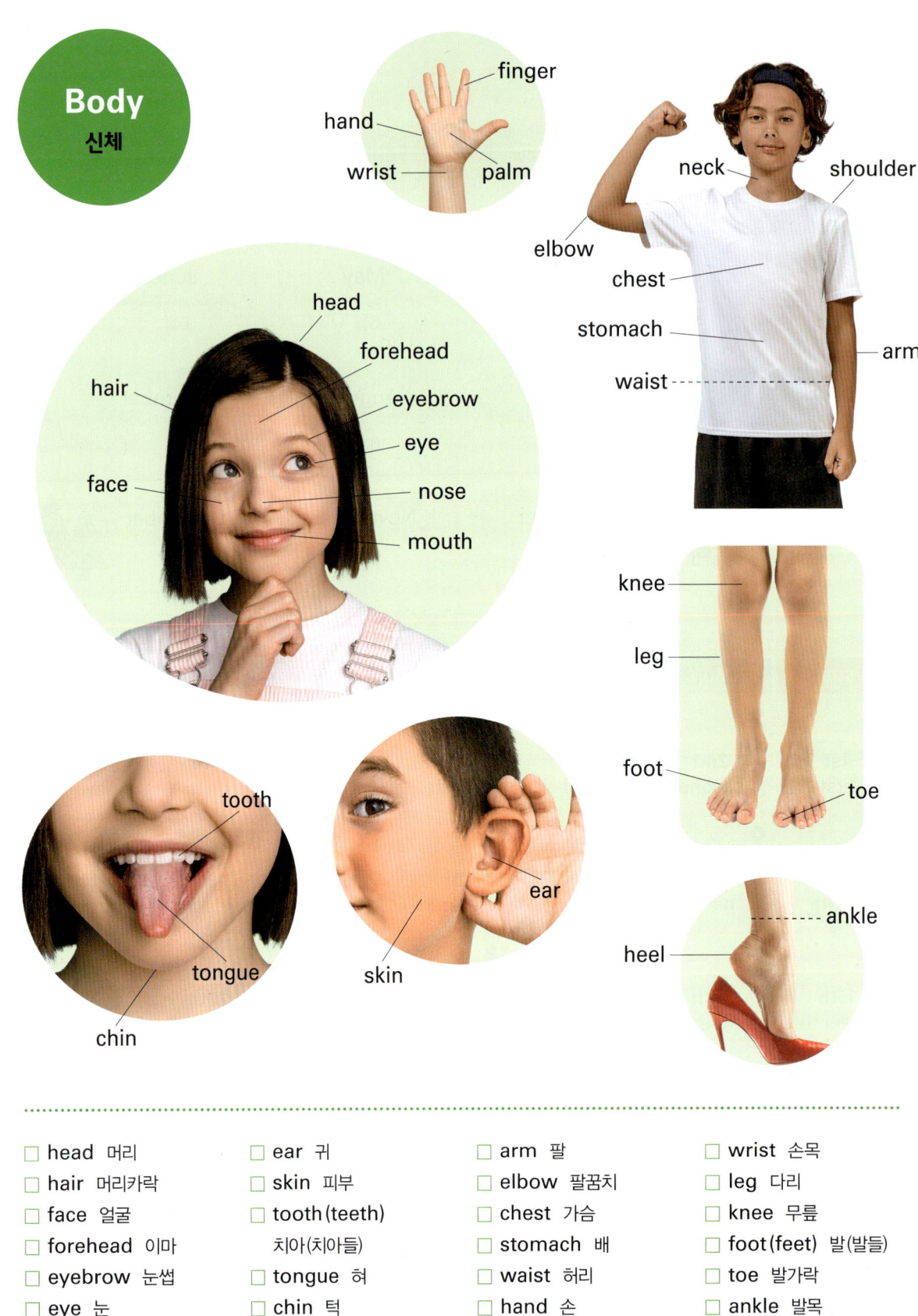

Body
신체

- ☐ head 머리
- ☐ hair 머리카락
- ☐ face 얼굴
- ☐ forehead 이마
- ☐ eyebrow 눈썹
- ☐ eye 눈
- ☐ nose 코
- ☐ mouth 입
- ☐ ear 귀
- ☐ skin 피부
- ☐ tooth (teeth) 치아(치아들)
- ☐ tongue 혀
- ☐ chin 턱
- ☐ neck 목
- ☐ shoulder 어깨
- ☐ arm 팔
- ☐ elbow 팔꿈치
- ☐ chest 가슴
- ☐ stomach 배
- ☐ waist 허리
- ☐ hand 손
- ☐ finger 손가락
- ☐ palm 손바닥
- ☐ wrist 손목
- ☐ leg 다리
- ☐ knee 무릎
- ☐ foot (feet) 발(발들)
- ☐ toe 발가락
- ☐ ankle 발목
- ☐ heel 발꿈치

- coat 코트(외투)
- sweater 스웨터
- jacket 재킷
- blouse 블라우스
- shirt 셔츠
- T-shirt 티셔츠
- vest 조끼
- skirt 스커트
- pants 바지
- shorts 반바지
- jeans 면바지, 청바지
- dress 드레스(원피스)
- suit 정장
- pajamas 잠옷
- uniform 제복, 교복
- swimsuit 수영복
- hoodie 후드티
- scarf 스카프, 목도리
- gloves 장갑
- mittens 벙어리장갑
- socks 양말
- shoes 신발
- sneakers 운동화
- boots 장화

ANSWER KEY

DAY 01

Check Up .... p. 8

Ⓐ 1. 좋은, 착한, 잘하는 2. 최고의, 제일 좋은; 최고
3. 가까운, 친한; (문 등을) 닫다 4. 회원, 구성원
5. 가입하다, 가담하다, 연결하다, 합쳐지다
6. 만들다, (어떤 결과가) 생기게 하다
7. 소개하다 8. ~하게 하다, ~하도록 허락하다
9. ~일 것이다, ~할 것이다
10. ~일지도 모른다, ~해도 좋다
11. 가지고 있다, (경험을) 하다, 먹다 12. 이미, 벌써

Ⓑ 1. join 2. introduce 3. good at
4. mistake 5. close to

Picture Review .... p. 9

1. classmate 반 친구, 급우 2. introduce 소개하다
3. join 가입하다, 가담하다, 연결하다, 합쳐지다
4. member 회원, 구성원
5. mistake 실수, 잘못 6. fight 싸우다; 싸움
7. together 함께, 같이 8. alone 홀로, 혼자; 혼자인

DAY 02

Check Up .... p. 12

Ⓐ 1. 특별한 2. 아주 좋아하는; 특히 좋아하는 것
3. 오늘 4. 내일 5. 선물, (타고난) 재능
6. 젊은, 어린 7. 주다
8. 받다, 얻다, 구하다, 사다, 도착하다
9. [대상] ~을 위한, [목적] ~을 위해, [시간] ~ 동안
10. [특정 기간] ~ 동안, ~ 내내 11. 원하다, 바라다
12. (~이기를) 바라다, 소원하다; 소원

Ⓑ 1. invite 2. give 3. wish 4. for 5. old

Picture Review .... p. 13

1. invite 초대하다, 초청하다
2. present 선물; 현재의, 참석한
3. give 주다 4. get 받다, 얻다, 구하다, 사다, 도착하다
5. candle 초, 양초 6. blow out 불어서 끄다
7. today 오늘
8. wish (~이기를) 바라다, 소원하다; 소원

DAY 03

Check Up .... p. 16

Ⓐ 1. 미래, 장래; 미래의 2. 과거; 과거의, 지나간
3. 유명한 4. 인기 있는, 대중적인
5. 배우, 남자 배우 6. 영화
7. (배우의) 배역, 역할 8. 주된, 가장 중요한
9. (비행기) 조종사; 조종하다 10. 우주 비행사
11. 훌륭한, 멋진, 큰, 거대한
12. ~하고 싶다, ~하기를 원하다

Ⓑ 1. famous 2. popular 3. movies
4. dream 5. want to be

Picture Review .... p. 17

1. dream 꿈; 꿈을 꾸다, 상상하다
2. astronaut 우주 비행사
3. artist 화가, 예술가 4. musician 음악가, 뮤지션
5. popular 인기 있는, 대중적인
6. great 훌륭한, 멋진, 큰, 거대한
7. fire 불, 화재 8. police 경찰

DAY 04

Check Up .... p. 20

Ⓐ 1. 일하다, 근무하다; 직장, 일
2. 힘든, 어려운, 단단한; 열심히, 세게
3. 주방장, 셰프 4. 행동하다, 연기하다; 행동
5. 수의사, 수의사 진료소 6. 치과 의사, 치과 (진료소)
7. 아픈, 병든 8. 건강한, 건강에 좋은
9. 사무실, 근무처 10. 회사
11. 디자인; 디자인하다, 설계하다
12. (귀 기울여) 듣다

Ⓑ 1. chef 2. office 3. dentist
4. listening/to listen 5. as

Picture Review .... p. 21

1. baker 제빵사
2. veterinarian 수의사, 수의사 진료소
3. sick 아픈, 병든 4. healthy 건강한, 건강에 좋은
5. company 회사 6. office 사무실, 근무처
7. designer 디자이너 8. model 모델, 모형

DAY 01-04 Review Test 01   pp. 22-25

A 1. ba<u>ker</u>   2. desig<u>ner</u>
   3. art<u>ist</u>   4. dent<u>ist</u>
   5. astro<u>naut</u>   6. veteri<u>narian</u>
   7. introduce   8. in<u>v</u>ite
   9. <u>f</u>avorite   10. <u>f</u>amous

B 1. special   2. candle   3. tomorrow
   4. together   5. popular   6. movie

C 1. mistake   2. make   3. fight with
   4. main   5. want to

D 1. alone   2. get   3. young   4. healthy

E 1. gift   2. artist   3. chef   4. have

F 1. good at   2. make a wish
   3. want to be   4. like

G
☐ classmate	반 친구, 급우		☐ future	미래, 장래; 미래의
☐ close	가까운, 친한; (문 등을) 닫다		☐ past	과거; 과거의, 지나간
☐ member	회원, 구성원		☐ dream	꿈; 꿈을 꾸다, 상상하다
☐ join	가입하다, 가담하다, 연결하다, 합쳐지다		☐ famous	유명한
☐ introduce	소개하다		☐ popular	인기 있는, 대중적인
☐ let	~하게 하다, ~하도록 허락하다		☐ actor	배우, 남자 배우
☐ together	함께, 같이		☐ movie	영화
☐ already	이미, 벌써		☐ main	주된, 가장 중요한
☐ mistake	실수, 잘못		☐ pilot	(비행기) 조종사; 조종하다
☐ fight	싸우다; 싸움		☐ astronaut	우주 비행사
☐ special	특별한		☐ work	일하다, 근무하다; 직장, 일
☐ present	선물; 현재의, 참석한		☐ hard	힘든, 어려운, 단단한; 열심히, 세게
☐ old	나이 든, 늙은, ~살[세]의		☐ act	행동하다, 연기하다; 행동
☐ young	젊은, 어린		☐ dentist	치과 의사, 치과 (진료소)
☐ invite	초대하다, 초청하다		☐ sick	아픈, 병든
☐ give	주다		☐ healthy	건강한, 건강에 좋은
☐ get	받다, 얻다, 구하다, 사다, 도착하다		☐ office	사무실, 근무처
☐ during	[특정 기간] ~ 동안, ~ 내내		☐ company	회사
☐ want	원하다, 바라다		☐ design	디자인; 디자인하다, 설계하다
☐ wish	(~이기를) 바라다, 소원하다; 소원		☐ model	모델, 모형

DAY 05

Check Up .... p. 28

A 1. 세계, 세상   2. 나라, 시골
　　3. 국가, 민족   4. 기, 깃발
　　5. ~ 출신의, ~에서 온, ~로부터
　　6. ~(쪽)으로, ~까지, ~에게
　　7. 문화   8. [소속·소유] ~의, ~ 중의
　　9. 언어, 말   10. 사람들, 국민
　　11. 중국인, 중국어; 중국의, 중국인의
　　12. 일본인, 일본어; 일본의, 일본인의

B 1. world   2. from, to   3. culture
　　4. languages   5. comes/is

Picture Review .... p. 29

1. world 세계, 세상   2. country 나라, 시골
3. flag 기, 깃발   4. people 사람들, 국민
5. culture 문화   6. language 언어, 말
7. Spanish 스페인 사람, 스페인어; 스페인의, 스페인 사람의
8. Greek 그리스인, 그리스어; 그리스의, 그리스인의

DAY 06

Check Up .... p. 32

A 1. 휴가, 휴일, 공휴일
　　2. ~ 주위에, ~을 둘러싸고; 빙 돌아서
　　3. (장거리를) 여행하다, 이동하다; 여행
　　4. (~을) 필요로 하다, ~할 필요가 있다
　　5. (~ 쪽으로) 가져오다, 데려오다
　　6. 들고 있다, 휴대하다, 운반하다
　　7. 공항   8. 도착하다
　　9. 방문하다, 찾아가다   10. 탑, 송신탑
　　11. 다리, 교량   12. 머무르다, (~에서) 지내다; 머무름

B 1. trip   2. travel   3. bring   4. arrive at
　　5. stay

Picture Review .... p. 33

1. holiday 휴가, 휴일, 공휴일
2. carry 들고 있다, 휴대하다, 운반하다
3. airport 공항   4. visit 방문하다, 찾아가다
5. group 무리, 집단, 그룹

6. guide 안내자, 안내원; 안내하다
7. tower 탑, 송신탑   8. bridge 다리, 교량

DAY 07

Check Up .... p. 36

A 1. 우주, 공간   2. 지구
　　3. ~보다 위에, ~보다 높이
　　4. ~보다 아래에, ~보다 밑에
　　5. ~을 가로질러, ~ 건너편에, ~ 맞은편에
　　6. ~에 반(대)하여, ~에 맞서
　　7. (~이) 가득 찬, 가득한, 배부른
　　8. 떨어지다, (눈·비가) 내리다; 가을
　　9. 변하다, 바뀌다; 변화
　　10. (공간·시간적으로) 떨어져, 멀리
　　11. (공간·시간상으로) 앞에, 앞쪽으로   12. 추워지다

B 1. space   2. across   3. coldest   4. gets
　　5. moves/goes around

Picture Review .... p. 37

1. space 우주, 공간   2. Earth 지구
3. spaceship 우주선
4. welcome 환영하다, 맞이하다; 환영받는
5. above ~보다 위에, ~보다 높이
6. below ~보다 아래에, ~보다 밑에
7. fall 떨어지다, (눈·비가) 내리다; 가을
8. change 변하다, 바뀌다; 변화

DAY 08

Check Up .... p. 40

A 1. 자연   2. 아주 놀라운, 굉장한
　　3. 맨 위, 꼭대기   4. 맨 아래, 바닥
　　5. ~을 따라; (~와) 함께
　　6. 쪽, 옆면, 가장자리; (~의) 편, 쪽
　　7. 계곡, 골짜기   8. 들판, 밭, (경기)장
　　9. 마른, 건조한   10. 젖은, 축축한, 비가 오는
　　11. (수가) 많지 않은, 거의 없는   12. 종류; 친절한

B 1. nature   2. high   3. bottom   4. kind of
　　5. side

174

Picture Review .... p. 41
1. amazing 아주 놀라운, 굉장한   2. top 맨 위, 꼭대기
3. valley 계곡, 골짜기   4. field 들판, 밭, (경기) 장
5. deep 깊은; 깊이, 깊게   6. flat 평평한, 납작한
7. dry 마른, 건조한   8. wet 젖은, 축축한, 비가 오는

DAY 05-08　Review Test 02　　pp. 42-45

A 1. British   2. Spanish
　　3. culture   4. nature
　　5. bring   6. bridge
　　7. stay   8. spaceship
　　9. carry   10. arrive

B 1. world   2. travel   3. tower
　　4. space   5. Earth   6. change

C 1. country   2. Nations   3. holiday
　　4. deep   5. across

D 1. few   2. wet   3. bottom   4. below

E 1. holiday   2. come from   3. many
　　4. a type of

F 1. Chinese   2. full of   3. gets warm   4. few

G

☐ world	세계, 세상		☐ space	우주, 공간
☐ country	나라, 시골		☐ Earth	지구
☐ nation	국가, 민족		☐ above	~보다 위에, ~보다 높이
☐ flag	기, 깃발		☐ below	~보다 아래에, ~보다 밑에
☐ from	~ 출신의, ~에서 온, ~로부터		☐ across	~을 가로질러, ~ 건너편에, ~ 맞은편에
☐ culture	문화		☐ against	~에 반(대)하여, ~에 맞서
☐ language	언어, 말		☐ full	(~이) 가득 찬, 가득한, 배부른
☐ people	사람들, 국민		☐ fall	떨어지다, (눈·비가) 내리다; 가을
☐ French	프랑스인, 프랑스어; 프랑스의, 프랑스인의		☐ change	변하다, 바뀌다; 변화
☐ Greek	그리스인, 그리스어; 그리스의, 그리스인의		☐ away	(공간·시간적으로) 떨어져, 멀리
☐ holiday	휴가, 휴일, 공휴일		☐ nature	자연
☐ travel	(장거리를) 여행하다, 이동하다; 여행		☐ amazing	아주 놀라운, 굉장한
☐ need	(~을) 필요로 하다, ~할 필요가 있다		☐ valley	계곡, 골짜기
☐ bring	(~ 쪽으로) 가져오다, 데려오다		☐ field	들판, 밭, (경기)장
☐ carry	들고 있다, 휴대하다, 운반하다		☐ deep	깊은; 깊이, 깊게
☐ airport	공항		☐ flat	평평한, 납작한
☐ arrive	도착하다		☐ dry	마른, 건조한
☐ visit	방문하다, 찾아가다		☐ wet	젖은, 축축한; 비가 오는
☐ bridge	다리, 교량		☐ few	(수가) 많지 않은, 거의 없는
☐ stay	머무르다, (~에서) 지내다; 머무름		☐ kind	종류; 친절한

DAY 09

Check Up .... p. 48

Ⓐ 1. 사진첩, 앨범, (음악) 앨범   2. 사진
3. 부모   4. 조부모
5. 아들   6. 딸
7. 고모, 이모, 숙모, 아줌마   8. 사촌
9. 쌍둥이   10. (똑)같은; 같은 것
11. 다른, 차이가 나는
12. 가져가다, 데리고 가다, 잡다, (사진을) 찍다

Ⓑ 1. photo/picture   2. take   3. picture
4. the same   5. looks

Picture Review .... p. 49

1. album 사진첩, 앨범, (음악) 앨범   2. photo 사진
3. husband 남편   4. wife 아내
5. daughter 딸   6. cousin 사촌
7. twins 쌍둥이   8. different 다른, 차이가 나는

DAY 10

Check Up .... p. 52

Ⓐ 1. 사람, 개인   2. 인간, 사람; 인간의, 사람의
3. 숙녀, 부인   4. 신사
5. 나이, 연령   6. 거의
7. 유일한; 오직, 단지   8. 십 대, 10대; 십 대의
9. 어른, 성인; 성인의, 성숙한   10. 영웅
11. 자라다, ~해지다   12. ~을 돌보다, ~을 보살피다

Ⓑ 1. women's   2. grow   3. become
4. care of   5. try to

Picture Review .... p. 53

1. man 남자, 남성, 사람   2. woman 여자, 여성
3. child 아이, 어린이, 자식
4. teen 십 대, 10대; 십 대의
5. adult 어른, 성인; 성인의, 성숙한   6. hero 영웅
7. become ~이 되다, ~해지다
8. care 돌봄, 보살핌; 돌보다, 신경 쓰다

DAY 11

Check Up .... p. 56

Ⓐ 1. 목소리, 음성   2. 머리(카락), 털
3. (옷 등의) 스타일, 모양, 방식   4. 패션, 유행
5. 키가 큰, (건물이) 높은   6. 날씬한
7. ~보다 (더)   8. 이미지, 인상, 모습
9. 각각의, 각자의; 각각, 각자
10. 몇몇, 일부; 일부의, 어떤
11. 얻다, 획득하다, (체중 등을) 늘리다   12. 서로

Ⓑ 1. tallest   2. more   3. any   4. gain
5. None

Picture Review .... p. 57

1. hair 머리(카락), 털   2. round 둥근, 원형의
3. dark 어두운, 짙은; 어둠   4. fashion 패션, 유행
5. slim 날씬한   6. strong 강한, 튼튼한, (농도가) 진한
7. each 각각의, 각자의; 각각, 각자
8. weight 무게, 체중

DAY 12

Check Up .... p. 60

Ⓐ 1. 친절한, 우호적인   2. 부드러운, 온화한, 정중한
3. 예의 바른, 공손한   4. 무례한, 버릇없는
5. 조용히, 침착하게   6. 크게, 시끄럽게
7. 영리한, 약삭빠른   8. 현명한, 지혜로운
9. 어리석은, 멍청한
10. 바보 같은, 우스꽝스러운, 유치한
11. 정직한, 솔직한   12. 조심하는, 주의 깊은, 신중한

Ⓑ 1. polite   2. afraid of   3. quietly
4. curious   5. be honest

Picture Review .... p. 61

1. brave 용감한, 용기 있는
2. afraid 두려워하는, 겁내는
3. clever 영리한, 약삭빠른
4. foolish 어리석은, 바보 같은
5. lazy 게으른   6. curious 호기심이 많은, 궁금한
7. humorous 재미있는, 유머가 있는
8. careful 조심하는, 주의 깊은, 신중한

DAY 09-12　Review Test 03　　pp. 62-65

A 1. par<u>ents</u>　2. diff<u>erent</u>
　　3. w<u>o</u>man　4. gentle<u>man</u>
　　5. weight　6. daughter
　　7. <u>s</u>tyle　8. stupid
　　9. humor<u>ous</u>　10. curi<u>ous</u>

B 1. album　2. care　3. friendly
　　4. loudly　5. polite　6. brave

C 1. photo　2. teen　3. each other
　　4. afraid of　5. foolish

D 1. wife　2. lady　3. rude　4. stupid

E 1. photo　2. friendly　3. wise　4. silly

F 1. different from　2. take
　　3. take a picture　4. any questions

G
☐ photo	사진	☐ voice	목소리, 음성
☐ parents	부모	☐ hair	머리(카락), 털
☐ grandparents	조부모	☐ round	둥근, 원형의
☐ husband	남편	☐ dark	어두운, 짙은; 어둠
☐ wife	아내	☐ style	(옷 등의) 스타일, 모양, 방식
☐ daughter	딸	☐ slim	날씬한
☐ cousin	사촌	☐ image	이미지, 인상, 모습
☐ twin	쌍둥이 (중의 한 명)	☐ each	각각의, 각자의; 각각, 각자
☐ same	(똑)같은; 같은 것	☐ gain	얻다, 획득하다, (체중 등을) 늘리다
☐ different	다른, 차이가 나는	☐ weight	무게, 체중
☐ person	사람, 개인	☐ friendly	친절한, 우호적인
☐ human	인간, 사람; 인간의, 사람의	☐ gentle	부드러운, 온화한, 정중한
☐ woman	여자, 여성	☐ polite	예의 바른, 공손한
☐ age	나이, 연령	☐ rude	무례한, 버릇없는
☐ only	유일한; 오직, 단지	☐ brave	용감한, 용기 있는
☐ teen	십 대, 10대; 십 대의	☐ clever	영리한, 약삭빠른
☐ adult	어른, 성인; 성인의, 성숙한	☐ wise	현명한, 지혜로운
☐ hero	영웅	☐ stupid	어리석은, 멍청한
☐ become	~이 되다, ~해지다	☐ honest	정직한, 솔직한
☐ try	노력하다, 애쓰다, 시도하다; 시도	☐ careful	조심하는, 주의 깊은, 신중한

DAY 13

Check Up .... p. 68

Ⓐ 1. 출입문, 대문, (공항의) 탑승구 2. 차고
   3. 부분, 일부 4. 이웃, 이웃 사람
   5. (열쇠로) 열다, 잠금 해제를 하다
   6. 운이 좋은, 행운의 7. 운이 나쁜, 불행한, 불길한
   8. (실내의) 바닥, (건물의) 층 9. 계단, 층계
   10. 이중의, 2인용의, (양이나 수가) 두 배의
   11. 걸다, 매달다 12. 가구

Ⓑ 1. into 2. lock 3. unlock 4. show up
   5. upstairs

Picture Review .... p. 69

1. house 집, 주택 2. apartment 아파트
3. gate 출입문, 대문, (공항의) 탑승구
4. neighbor 이웃, 이웃 사람
5. stairs 계단, 층계 6. hang 걸다, 매달다
7. furniture 가구 8. mirror 거울

DAY 14

Check Up .... p. 72

Ⓐ 1. 매일의, 일상적인 2. 인생, 삶, 생명, 목숨
   3. 버릇, 습관 4. 눕다, 누워 있다, 거짓말하다
   5. 서두르다, 급히 하다
   6. (만약) ~라면, ~의 경우에는
   7. 떠나다, 출발하다, 그대로 두다 8. 항상, 늘
   9. 보통, 대개 10. 때때로, 가끔
   11. 절대[한 번도] ~ 않다 12. ~해야 한다

Ⓑ 1. life 2. habit 3. hurry 4. lesson
   5. my best

Picture Review .... p. 73

1. life 인생, 삶, 생명, 목숨 2. death 죽음, 사망
3. lie 눕다, 누워 있다, 거짓말하다
4. hurry 서두르다, 급히 하다
5. leave 떠나다, 출발하다, 그대로 두다
6. return 돌아오다[가다], 돌려주다, 반납하다
7. usually 보통, 대개 8. often 자주, 종종

DAY 15

Check Up .... p. 76

Ⓐ 1. 식사, 끼니 2. 식사, 음식, 다이어트
   3. 아침 식사 4. 저녁 식사, 만찬
   5. 디저트, 후식 6. 수프
   7. (한) 조각, 한 개 8. 고기, 육류
   9. 소고기 10. 돼지고기
   11. 수박 12. 포도 (한 알)

Ⓑ 1. meals 2. diet 3. desserts 4. piece
   5. how to

Picture Review .... p. 77

1. dinner 저녁 식사, 만찬 2. dessert 디저트, 후식
3. piece (한) 조각, 한 개
4. egg 달걀, (조류·곤충 등의) 알
5. meat 고기, 육류 6. steak 스테이크
7. spaghetti 스파게티 8. fast food 패스트푸드

DAY 16

Check Up .... p. 80

Ⓐ 1. 기본적인, 기초적인; 기본, 기초 2. 조리법, 레시피
   3. (반드시) ~해야 한다, ~임에 틀림없다
   4. 집중하다, 초점을 맞추다; 초점
   5. 어쩌면, 아마 6. ~일지도 모른다, ~일 수도 있다
   7. 끓다, 끓이다, 삶다, 데치다
   8. (불에) 타다, 태우다, (햇볕 등에) 타다
   9. 준비가 (다) 된 10. 바라다, 희망하다; 희망
   11. 또 다른 하나의; 또 하나의 것 12. 커피

Ⓑ 1. basic 2. recipe 3. another 4. ready
   5. for

Picture Review .... p. 81

1. recipe 조리법, 레시피
2. focus 집중하다, 초점을 맞추다; 초점
3. oil 기름, 식용유, 석유 4. sauce 소스
5. salt 소금 6. boil 끓다, 끓이다, 삶다, 데치다
7. burn (불에) 타다, 태우다, (햇볕 등에) 타다
8. fresh 신선한, 갓 만든

DAY 13-16 Review Test 04   pp. 82-85

A 1. neigh<u>bor</u>   2. mir<u>ror</u>
   3. dea<u>th</u>   4. ano<u>ther</u>
   5. spaghe<u>tti</u>   6. co<u>ffee</u>
   7. pie<u>ce</u>   8. sau<u>ce</u>
   9. ear<u>ly</u>   10. hu<u>rry</u>

B 1. garage   2. furniture   3. double
   4. lesson   5. meal   6. fresh

C 1. stairs   2. do   3. how to
   4. diet   5. ready for

D 1. unlock   2. unlucky   3. death   4. return

E 1. meal   2. one another   3. hope   4. must

F 1. his   2. kind of dessert
   3. beef or pork   4. another

G
☐ gate	출입문, 대문, (공항의) 탑승구	☐ meal	식사, 끼니
☐ show	보여 주다, 안내하다; 쇼, 전시회	☐ diet	식사, 음식, 다이어트
☐ neighbor	이웃, 이웃 사람	☐ breakfast	아침 식사
☐ unlock	(열쇠로) 열다, 잠금 해제를 하다	☐ dinner	저녁 식사, 만찬
☐ unlucky	운이 나쁜, 불행한, 불길한	☐ dessert	디저트, 후식
☐ floor	(실내의) 바닥, (건물의) 층	☐ meat	고기, 육류
☐ stairs	계단, 층계	☐ beef	소고기
☐ double	이중의, 2인용의, (양이나 수가) 두 배의	☐ pork	돼지고기
☐ hang	걸다, 매달다	☐ steak	스테이크
☐ furniture	가구	☐ grape	포도 (한 알)
☐ everyday	매일의, 일상적인	☐ basic	기본적인, 기초적인; 기본, 기초
☐ life	인생, 삶, 생명, 모습	☐ recipe	조리법, 레시피
☐ death	죽음, 사망	☐ focus	집중하다, 초점을 맞추다; 초점
☐ habit	버릇, 습관	☐ oil	기름, 식용유, 석유
☐ lie	눕다, 누워 있다, 거짓말하다	☐ sugar	설탕
☐ hurry	서두르다, 급히 하다	☐ boil	끓다, 끓이다, 삶다, 데치다
☐ if	(만약) ~라면, ~의 경우에는	☐ burn	(불에) 타다, 태우다, (햇볕 등에) 타다
☐ leave	떠나다, 출발하다, 그대로 두다	☐ ready	준비가 (다) 된
☐ return	돌아오다[가다], 돌려주다, 반납하다	☐ hope	바라다, 희망하다; 희망
☐ sometimes	때때로, 가끔	☐ another	또 다른 하나의; 또 하나의 것

DAY 17

Check Up .... p. 88

Ⓐ 1. 몸, 신체   2. 마음, 정신; 꺼리다, 싫어하다
   3. 머리, 우두머리, 장   4. 피부, 껍질   5. 뼈, 뼈다귀
   6. 근육   7. 입술 (한쪽)   8. 혀, 혓바닥
   9. 잡다, 쥐다, (손에) 들다
   10. 붙잡다, 움켜쥐다, (와락) 잡아채다
   11. 깨다, 깨어지다, 부서지다
   12. 상태, 건강 상태, 환경, 상황

Ⓑ 1. body   2. back   3. break   4. hurt
   5. gets well

Picture Review .... p. 89

1. skin 피부, 껍질   2. bone 뼈, 뼈다귀
3. muscle 근육   4. shoulder 어깨
5. back 등, (등)허리, 뒤쪽; 뒤로
6. hold 잡다, 쥐다, (손에) 들다
7. break 깨다, 깨어지다, 부서지다
8. hurt 다치게 하다, 아프다

DAY 18

Check Up .... p. 92

Ⓐ 1. 감각, 느낌; 느끼다
   2. 소리, 음; 소리가 나다, ~하게 들리다
   3. 시력, 시각, 보기   4. 청력, 청각
   5. 맛, 미각; 맛이 ~하다, ~한 맛이 나다
   6. 느끼다, ~한 기분이 들다
   7. 매끄러운, (일 등이) 순조롭게 나가는
   8. 거친, 거칠거칠한   9. (맛이) 신, 시큼한
   10. (맛이) 쓴, 쓰라린, 혹독한
   11. 매운, 양념 맛이 강한
   12. 더 좋은, 더 잘하는; 더 잘, 더 많이

Ⓑ 1. sight   2. touch   3. rough   4. bitter
   5. too, to

Picture Review .... p. 93

1. sense 감각, 느낌; 느끼다
2. sound 소리, 음; 소리가 나다, ~하게 들리다
3. hearing 청력, 청각
4. smooth 매끄러운, (일 등이) 순조롭게 나가는
5. rough 거친, 거칠거칠한   6. salty 짠, 짭짤한
7. sour (맛이) 신, 시큼한
8. better 더 좋은, 더 잘하는; 더 잘, 더 많이

DAY 19

Check Up .... p. 96

Ⓐ 1. 소리 지르다, 고함치다   2. 미소 짓다; 미소
   3. (소리 내어) 웃다; 웃음(소리)   4. 신나는, 흥미진진한
   5. 침착한, 차분한; 진정하다, 진정시키다
   6. 속상한, 화난; 뒤엎다, 속상하게 하다
   7. 화, 분노   8. 걱정하다, 걱정시키다
   9. 걱정하는, 걱정스러워하는   10. 심각한, 진지한
   11. 불안해하는, 초조해하는, 긴장하는
   12. 충격을 받은

Ⓑ 1. smile   2. laugh   3. nervous
   4. surprised   5. out loud

Picture Review .... p. 97

1. pleased 기쁜, 행복한   2. cry 울다, 외치다
3. laugh (소리 내어) 웃다; 웃음(소리)
4. exciting 신나는, 흥미진진한
5. mad 성난, 화가 난, 미친
6. scare 겁주다, 겁먹다, 무서워하다
7. worry 걱정하다, 걱정시키다
8. surprised 놀란, 놀라는

DAY 20

Check Up .... p. 100

Ⓐ 1. 말하다, 알리다, 전하다
   2. 말하다, 수다를 떨다, 논의하다
   3. 이야기하다, 말하다   4. ~에 관한, ~에 대하여
   5. 주소   6. 우편 (제도), 우편물; 우편으로 보내다
   7. 전자우편, 이메일; 전자우편으로 보내다
   8. 전화하다, 부르다   9. (종 등이) 울리다, 초인종을 누르다   10. 문자 메시지를 보내다; 글, 문자
   11. 보내다, 발송하다   12. 받다, 받아들이다

Ⓑ 1. talk   2. Internet   3. message   4. send
   5. going to

Picture Review .... p. 101

1. **chat** 수다 떨다, 채팅하다; 수다, 채팅
2. **letter** 편지, 글자, 문자 3. **address** 주소
4. **website** 웹사이트, 홈페이지
5. **call** 전화하다, 부르다
6. **text** 문자 메시지를 보내다; 글, 문자
7. **send** 보내다, 발송하다
8. **receive** 받다, 받아들이다

DAY 17-20   Review Test 05   pp. 102-105

A 1. bi<u>tter</u> 2. be<u>tter</u>
    3. r<u>ough</u> 4. l<u>augh</u>
    5. wor<u>ried</u> 6. sur<u>prised</u>
    7. ser<u>ious</u> 8. ner<u>vous</u>
    9. d<u>ough</u>nut 10. t<u>ongue</u>

B 1. muscle 2. bone 3. get hurt
    4. smile 5. spicy 6. scare

C 1. back 2. break 3. sense
    4. calm 5. text

D 1. front 2. rough 3. laugh 4. receive

E 1. grab 2. glad 3. yell 4. upset

F 1. mind if 2. speak to
    3. going to 4. don't you

G
- ☐ body — 몸, 신체
- ☐ mind — 마음, 정신; 꺼리다, 싫어하다
- ☐ muscle — 근육
- ☐ neck — 목
- ☐ shoulder — 어깨 (양 어깨 중의 한쪽)
- ☐ hold — 잡다, 쥐다, (손에) 들다
- ☐ grab — 붙잡다, 움켜쥐다, (와락) 잡아채다
- ☐ break — 깨다, 깨어지다, 부서지다
- ☐ hurt — 다치게 하다, 아프다
- ☐ condition — 상태, 건강 상태, 환경, 상황
- ☐ sense — 감각, 느낌; 느끼다
- ☐ sound — 소리, 음; 소리가 나다, ~하게 들리다
- ☐ sight — 시력, 시각, 보기
- ☐ hearing — 청력, 청각
- ☐ taste — 맛, 미각; 맛이 ~하다, ~한 맛이 나다
- ☐ feel — 느끼다, ~한 기분이 들다
- ☐ smooth — 매끄러운, (일 등이) 순조롭게 나가는
- ☐ rough — 거친, 거칠거칠한
- ☐ bitter — (맛이) 쓴, 쓰라린, 혹독한
- ☐ better — 더 좋은, 더 잘하는; 더 잘, 더 많이

- ☐ pleased — 기쁜, 행복한
- ☐ laugh — (소리 내어) 웃다; 웃음(소리)
- ☐ exciting — 신나는, 흥미진진한
- ☐ calm — 침착한, 차분한; 진정하다, 진정시키다
- ☐ upset — 속상한, 화난; 뒤엎다, 속상하게 하다
- ☐ anger — 화, 분노
- ☐ worried — 걱정하는, 걱정스러워하는
- ☐ serious — 심각한, 진지한
- ☐ nervous — 불안해하는, 초조해하는, 긴장하는
- ☐ surprised — 놀란, 놀라는
- ☐ tell — 말하다, 알리다, 전하다
- ☐ talk — 말하다, 수다를 떨다, 논의하다
- ☐ speak — 이야기하다, 말하다
- ☐ about — ~에 관한, ~에 대하여
- ☐ letter — 편지, 글자, 문자
- ☐ address — 주소
- ☐ email — 전자우편, 이메일; 전자우편으로 보내다
- ☐ call — 전화하다, 부르다
- ☐ send — 보내다, 발송하다
- ☐ receive — 받다, 받아들이다

DAY 21

Check Up .... p. 108

Ⓐ 1. 생각, 발상, 아이디어   2. 이해하다, 알아듣다
3. 알다, 알고 있다   4. 논의하다, 토론하다
5. 결정하다, 결심하다
6. 형성하다, 이루다; 유형, 형태, 서식
7. 암호, 부호, (컴퓨터) 코드
8. 지키다, 유지하다, (~을) 계속하다
9. 약속하다; 약속   10. 기억하다, 기억나다
11. 사실, (실제의) 일   12. 사실인, 맞는, 진짜의

Ⓑ 1. decide   2. secret   3. promise
4. Keep   5. forget

Picture Review .... p. 109

1. think 생각하다
2. understand 이해하다, 알아듣다
3. discuss 논의하다, 토론하다
4. fill (가득) 채우다, 채워지다   5. secret 비밀의; 비밀
6. remember 기억하다, 기억나다
7. newspaper 신문
8. report 보도, 보고서; 알리다, 보도하다

DAY 22

Check Up .... p. 112

Ⓐ 1. 자유로운, 한가한, 무료의   2. 취미
3. 모으다, 수집하다   4. 즐기다, 즐거운 시간을 보내다
5. 영상, 비디오; 녹화하다
6. 웃기는, 코미디의; 만화(책)
7. 프로그램; 프로그램을 짜다   8. 놓다, 두다, 넣다
9. 미워하다, 몹시 싫어하다; 미움
10. (왜냐하면) ~ 때문에, ~해서   11. 빌리다
12. 책을 대여하다, 체크아웃 하다, 퇴실하다

Ⓑ 1. free   2. video   3. ticket   4. set
5. because of

Picture Review .... p. 113

1. collect 모으다, 수집하다
2. film 영화, (카메라의) 필름
3. comic 웃기는, 코미디의; 만화(책)
4. ticket 표, 입장권
5. radio 라디오   6. picnic 피크닉, 소풍
7. borrow 빌리다   8. lend 빌려주다

DAY 23

Check Up .... p. 116

Ⓐ 1. 어제   2. ~ 전에   3. 경주, 달리기 (시합)
4. 박수를 치다, 손뼉을 치다
5. 넘어지다, (눈·비가) 내리다, 떨어지다
6. 미끄러지다, 넘어지다   7. 이기다, 얻다
8. 지다, 잃어버리다
9. 첫 번째의, 1등의; 첫째; 우선, 맨 먼저
10. 다섯 번째의; 5번째; 다섯 번째로
11. 끝내다, 끝나다; 끝   12. 마침내, 결국

Ⓑ 1. ago   2. race   3. win   4. lose   5. first

Picture Review .... p. 117

1. begin 시작하다, 시작되다
2. cheer 응원하다, 환호성을 지르다, 기운이 나다; 환호(성)
3. first 첫 번째의, 1등의; 첫째; 우선, 맨 먼저
4. second 두 번째의; 2번째; 둘째로
5. third 세 번째의; 3번째; 세 번째로
6. fourth 네 번째의; 4번째; 네 번째로
7. last 마지막의; 맨 끝에, 마지막에
8. finish 끝내다, 끝나다; 끝

DAY 24

Check Up .... p. 120

Ⓐ 1. 사건, 행사, 경기   2. 떨어지다, 떨어뜨리다
3. 놓치다, 빗나가다, 그리워하다   4. 중심, 중앙
5. 중앙, (한)가운데; 중간의   6. 연습하다; 연습, 실습
7. 길, 방법   8. 요점, 점수; 가리키다
9. 골문, 골, 득점, 목표   10. 메달, 훈장
11. 상, 상금, 경품
12. (건강·몸매 관리 등을 위해) 운동하다

Ⓑ 1. drop   2. miss   3. practice   4. Prize
5. work out

Picture Review .... p. 121

1. fan (스포츠·연예인 등의) 팬, 선풍기
2. miss 놓치다, 빗나가다, 그리워하다
3. target 목표, 표적, 과녁
4. exercise 운동하다, 연습하다; 운동, 연습
5. marathon 마라톤 경주; 마라톤의
6. football 축구, 풋볼, 미식축구
7. score 점수, 득점, 스코어; 득점하다
8. prize 상, 상금, 경품

DAY 21-24 Review Test 06 pp. 122-125

A 1. think   2. marathon
   3. third   4. fourth
   5. ticket 6. basket
   7. decide 8. promise
   9. score   10. prize

B 1. secret 2. enjoy 3. collect
   4. finish 5. way   6. work out

C 1. true   2. free   3. decide to
   4. third   5. at the end of

D 1. forget 2. hate   3. lend   4. lose

E 1. check out 2. begin 3. end 4. practice

F 1. because 2. last 3. In the end 4. lost

G
☐ think	생각하다
☐ understand	이해하다, 알아듣다
☐ know	알다, 알고 있다
☐ discuss	논의하다, 토론하다
☐ decide	결정하다, 결심하다
☐ form	형성하다, 이루다; 유형, 형태, 서식
☐ code	암호, 부호, (컴퓨터) 코드
☐ keep	지키다, 유지하다, (~을) 계속하다
☐ promise	약속하다; 약속
☐ forget	잊다, 잊어버리다
☐ free	자유로운, 한가한, 무료의
☐ hobby	취미
☐ collect	모으다, 수집하다
☐ enjoy	즐기다, 즐거운 시간을 보내다
☐ comic	웃기는, 코미디의; 만화(책)
☐ picnic	피크닉, 소풍
☐ put	놓다, 두다, 넣다
☐ hate	미워하다, 몹시 싫어하다; 미움
☐ borrow	빌리다
☐ lend	빌려주다
☐ yesterday	어제
☐ race	경주, 달리기 (시합)
☐ begin	시작하다, 시작되다
☐ cheer	응원하다, 환호성을 지르다, 기운이 나다; 환호(성)
☐ fall	넘어지다, (눈·비가) 내리다, 떨어지다
☐ win	이기다, 얻다
☐ lose	지다, 잃어버리다
☐ first	첫 번째의, 1등의; 첫째; 우선, 맨 먼저
☐ last	마지막의; 맨 끝에, 마지막에
☐ finish	끝내다, 끝나다; 끝
☐ fan	(스포츠·연예인 등의) 팬, 선풍기
☐ event	사건, 행사, 경기
☐ drop	떨어지다, 떨어뜨리다
☐ miss	놓치다, 빗나가다, 그리워하다
☐ exercise	운동하다, 연습하다; 운동, 연습
☐ practice	연습하다; 연습, 실습
☐ way	길, 방법
☐ point	요점, 점수; 가리키다
☐ score	점수, 득점, 스코어; 득점하다
☐ prize	상, 상금, 경품

DAY 25

Check Up .... p. 128

Ⓐ 1. 지면, 땅(바닥)   2. 지역, 구역, 영역, 분야
3. 덮다, 씌우다; 덮개, 커버
4. 열기, 더위; 데우다, 가열하다   5. 충분한; 충분히
6. (양이) 거의 없는, 아주 적은, 작은, 어린
7. (양이) 많은; 매우, 대단히
8. 힘, 기운, (전기·태양열 등의) 에너지
9. 공기, 공중, 허공   10. 숨을 쉬다, 호흡하다
11. 기체, 가스   12. 자원

Ⓑ 1. ground   2. a little   3. resource
4. made of   5. covered with

Picture Review .... p. 129

1. land 땅, 육지; (땅에) 내려앉다, 착륙하다
2. heat 열기, 더위; 데우다, 가열하다
3. rock 바위, 암석, 돌   4. soil 토양, 흙
5. power 힘, 능력, 동력, 에너지
6. breathe 숨을 쉬다, 호흡하다
7. resource 자원   8. gold 금, 황금; 금빛의

DAY 26

Check Up .... p. 132

Ⓐ 1. (어떤) 것, 물체, 일
2. 아무것도 (~ 아니다), 하나도 (~ 없다)
3. 아끼다, 모으다, (생명을) 구하다
4. 낭비하다; 낭비, 쓰레기, 폐기물   5. 예, 보기, 본보기
6. (사업) 계획, 연구 과제, 프로젝트   7. 계획; 계획하다
8. 캠페인, (사회적·정치적) 운동; 캠페인을 벌이다
9. 재활용하다   10. 쓰다, 사용하다; 사용
11. 재사용하다   12. 맑은, 분명한, 확실한

Ⓑ 1. waste/trash   2. plan   3. list   4. reuse
5. Pick up

Picture Review .... p. 133

1. save 아끼다, 모으다, (생명을) 구하다
2. waste 낭비하다; 낭비, 쓰레기, 폐기물
3. bottle 병
4. plastic 플라스틱; 플라스틱[비닐]으로 된

5. paper 종이   6. trash 쓰레기
7. recycle 재활용하다
8. pick 고르다, (과일 등을) 따다; 고르기, 선택

DAY 27

Check Up .... p. 136

Ⓐ 1. 다른, (둘 중) 다른 하나의   2. 다른 것들, 다른 사람들
3. 기회, 가능성, 우연   4. 죽이다
5. 살아남다, 생존하다   6. 숨다, 감추다, 숨기다
7. 이상한, 낯선   8. 공룡   9. 죽다, 사라지다
10. 죽은, 생명이 없는   11. 문제, 사안, 쟁점거리
12. (특정한 상황의) 경우, 용기, 통

Ⓑ 1. most   2. chance   3. safe   4. find out
5. die out

Picture Review .... p. 137

1. huge 거대한, 엄청난   2. tiny 아주 작은, 아주 적은
3. safe 안전한, 무사한   4. dangerous 위험한
5. kill 죽이다   6. survive 살아남다, 생존하다
7. hide 숨다, 감추다, 숨기다   8. dinosaur 공룡

DAY 28

Check Up .... p. 140

Ⓐ 1. 아주 멋진, 경이로운   2. 성
3. 궁전, 왕실   4. 둘, 한 쌍, 두어 명[개]
5. (~와) 결혼하다   6. 결혼, 결혼식
7. 영원히   8. 신, 남신, 하느님, 창조주
9. 지배하다, 통제하다   10. 믿다, 믿음이 있다
11. 그렇지만, 그러나   12. 돌다, 돌리다, (~로) 변하다

Ⓑ 1. once   2. twice   3. times   4. a time
5. wonderful

Picture Review .... p. 141

1. magic 마법, 마술   2. king 왕, 국왕
3. queen 여왕   4. castle 성
5. wedding 결혼, 결혼식
6. god 신, 남신, 하느님, 창조주
7. believe 믿다, 믿음이 있다
8. turn 돌다, 돌리다, (~로) 변하다

DAY 25-28 Review Test 07   pp. 142-145

A 1. thing   2. breathe
   3. recycle   4. reuse
   5. trash   6. resource
   7. dinosaur   8. clear
   9. couple   10. wonderful

B 1. cover   2. save   3. strange
   4. dead   5. palace   6. marry

C 1. chance   2. find out   3. the most
   4. hide   5. twice

D 1. much   2. waste   3. survive   4. safe

E 1. huge   2. however   3. turn   4. forever

F 1. covered with   2. made of
   3. die out   4. believe in

G

☐ ground	지면, 땅(바닥)	☐ tiny	아주 작은, 아주 적은
☐ area	지역, 구역, 영역, 분야	☐ dangerous	위험한
☐ cover	덮다, 씌우다; 덮개, 커버	☐ chance	기회, 가능성, 우연
☐ soil	토양, 흙	☐ kill	죽이다
☐ enough	충분한; 충분히	☐ survive	살아남다, 생존하다
☐ little	(양이) 거의 없는, 아주 적은, 작은, 어린	☐ hide	숨다, 감추다, 숨기다
☐ energy	힘, 기운, (전기·태양열 등의) 에너지	☐ strange	이상한, 낯선
☐ air	공기, 공중, 허공	☐ dinosaur	공룡
☐ breathe	숨을 쉬다, 호흡하다	☐ die	죽다, 사라지다
☐ resource	자원	☐ issue	문제, 사안, 쟁점거리
☐ thing	(어떤) 것, 물체, 일	☐ magic	마법, 마술
☐ save	아끼다, 모으다, (생명을) 구하다	☐ castle	성
☐ waste	낭비하다; 낭비, 쓰레기, 폐기물	☐ palace	궁전, 왕실
☐ example	예, 보기, 본보기	☐ couple	둘, 한 쌍, 두어 명[개]
☐ project	(사업) 계획, 연구 과제, 프로젝트	☐ wedding	결혼, 결혼식
☐ recycle	재활용하다	☐ forever	영원히
☐ trash	쓰레기	☐ god	신, 남신, 하느님, 창조주
☐ use	쓰다, 사용하다; 사용	☐ control	지배하다, 통제하다
☐ pick	고르다, (과일 등을) 따다; 고르기, 선택	☐ believe	믿다, 믿음이 있다
☐ clear	맑은, 분명한, 확실한	☐ turn	돌다, 돌리다, (~로) 변하다

DAY 29

Check Up .... p. 148

Ⓐ 1. 초급의, 초보의, 기본적인 2. 대학, 대학교
   3. (테니스 등의) 코트, 경기장, 법정, 법원
   4. 구내식당, 카페테리아
   5. 가르치다 6. 배우다, 익히다
   7. 시험, (의학적) 검사 8. (문제를) 풀다, 해결하다
   9. 문제, 골칫거리, (수학) 문제 10. 쉬운, 편한
   11. 어려운, 힘든 12. 대회, 시합, 콘테스트

Ⓑ 1. elementary 2. cafeteria 3. exam
   4. contest 5. passed

Picture Review .... p. 149

1. elementary 초급의, 초보의, 기본적인
2. college 대학, 대학교 3. gym 체육관, 헬스클럽
4. court (테니스 등의) 코트, 경기장, 법정, 법원
5. cafeteria 구내식당, 카페테리아
6. library 도서관, 자료실
7. solve (문제를) 풀다, 해결하다 8. festival 축제

DAY 30

Check Up .... p. 152

Ⓐ 1. 학년, 성적, 학점 2. 교과서 3. 역사 4. 사회
   5. 강좌, 강의, 경로, 방향 6. 화제, 주제
   7. (책·연극·영화에 나오는) 대화
   8. ~할 수 있었다, ~해도 좋다
   9. ~일 것이다, ~할 텐데, ~하고 싶다
   10. 동의하다, 찬성하다
   11. 확실한, 확신하는 12. 확실한, 틀림없는

Ⓑ 1. sixth grade 2. course 3. wrong
   4. could 5. Would

Picture Review .... p. 153

1. textbook 교과서
2. note 쪽지, 메모, (수업 등의) 필기, 노트
3. history 역사 4. conversation 대화, 회화
5. agree 동의하다, 찬성하다
6. disagree 동의하지 않다, 의견이 다르다
7. right 옳은, 올바른, 맞는, 오른쪽의
8. wrong 옳지 못한, 틀린, 잘못된

DAY 31

Check Up .... p. 156

Ⓐ 1. 달력, 일정표, 연중 행사표
   2. 날짜, 만날 약속, 데이트
   3. 21번째, 21일 4. 22번째, 22일
   5. 일정, 스케줄 6. 매주의, 주 단위의, 주 1회의
   7. 축하 (인사) 8. 오늘 밤에; 오늘 밤 9. 나중에, 뒤에
   10. 지난, 가장 최근의, 마지막의; 마지막으로
   11. 시간, 1시간 12. 반, 절반; 반의, 2분의 1의

Ⓑ 1. twenty-first 2. weekly
   3. congratulation 4. half
   5. minute/second

Picture Review .... p. 157

1. calendar 달력, 일정표, 연중 행사표
2. twenty-third 23번째, 23일
3. twenty-fourth 24번째, 24일
4. schedule 일정, 스케줄 5. hour 시간, 1시간
6. half 반, 절반; 반의, 2분의 1의
7. minute (시간 단위의) 분, 순간, 잠깐
8. second (시간 단위의) 초, 순간, 잠깐; 두 번째의

DAY 32

Check Up .... p. 160

Ⓐ 1. (값이) 싼, 싸구려의 2. (값이) 비싼, 고가의
   3. 돈 4. 현금, 현찰 5. 비용, 값; (비용·값이) 들다
   6. (돈을) 내다, 지불하다; 급료, 보수
   7. 사다, 구입하다 8. 팔다, 팔리다
   9. 부유한, 돈 많은 10. 가난한
   11. 사업, 장사, 일, 업무 12. 참모, 직원

Ⓑ 1. hundreds 2. cost 3. buy 4. rich
   5. make money

Picture Review .... p. 161

1. hundred 백, 100; (수없이) 많은, 수백의
2. thousand 천, 1000; 수천의, 수많은
3. dollar 달러 4. bill 지폐, 고지서, 계산서

186

5. **expensive** (값이) 비싼, 고가의
6. **pay** (돈을) 내다, 지불하다; 급료, 보수
7. **sale** 판매, 할인 판매, 세일
8. **customer** (상점의) 손님, 고객

DAY 29-32　Review Test 08　　pp. 162-165

A 1. elementary　2. library
　　3. conversation　4. congratulation
　　5. cafeteria　6. calendar
　　7. schedule　8. hundred
　　9. hour　10. minute

B 1. college　2. teach　3. festival
　　4. social studies　5. business　6. money

C 1. contest　2. date　3. last
　　4. the poor　5. thousands of

D 1. difficult　2. fail　3. disagree　4. poor

E 1. exam　2. certain　3. elementary　4. gym

F 1. pass　2. would like to　3. grade
　　4. in cash

G
☐ elementary	초급의, 초보의, 기본적인
☐ college	대학, 대학교
☐ teach	가르치다
☐ learn	배우다, 익히다
☐ solve	(문제를) 풀다, 해결하다
☐ problem	문제, 골칫거리, (수학) 문제
☐ easy	쉬운, 편한
☐ difficult	어려운, 힘든
☐ fail	실패하다, (시험에) 떨어지다; 낙제, 불합격
☐ contest	대회, 시합, 콘테스트
☐ grade	학년, 성적, 학점
☐ textbook	교과서
☐ history	역사
☐ social studies	사회
☐ course	강좌, 강의, 경로, 방향
☐ topic	화제, 주제
☐ could	~할 수 있었다, ~해도 좋다
☐ would	~일 것이다, ~할 텐데, ~하고 싶다
☐ agree	동의하다, 찬성하다
☐ sure	확실한, 확신하는
☐ calendar	달력, 일정표, 연중 행사표
☐ date	날짜, 만날 약속, 데이트
☐ twenty-first	21번째, 21일
☐ twenty-second	22번째, 22일
☐ schedule	일정, 스케줄
☐ weekly	매주의, 주 단위의, 주 1회의
☐ congratulation	축하 (인사)
☐ tonight	오늘 밤에; 오늘 밤
☐ later	나중에, 뒤에
☐ last	지난, 가장 최근의, 마지막의; 마지막으로
☐ hundred	백, 100; (수없이) 많은, 수백의
☐ thousand	천, 1000; 수천의, 수많은
☐ cheap	(값이) 싼, 싸구려의
☐ expensive	(값이) 비싼, 고가의
☐ money	돈
☐ cash	현금, 현찰
☐ pay	(돈을) 내다, 지불하다; 급료, 보수
☐ cost	비용, 값; (비용·값이) 들다
☐ buy	사다, 구입하다
☐ sell	팔다, 팔리다

A

a kind of ... 40
a lot ... 40
about ... 98
above ... 34
across ... 34
act ... 18
actor ... 15
address ... 98
adult ... 51
afraid ... 58
against ... 34
age ... 50
ago ... 114
agree ... 151
ahead ... 36
air ... 127
airport ... 31
album ... 46
almost ... 50
alone ... 7
along ... 38
already ... 7
also ... 16
always ... 71
amazing ... 38
American ... 26
anger ... 95
another ... 79
any ... 55
apartment ... 66
area ... 126
around ... 30
arrive ... 31
arrive at[in] ... 32
artist ... 14
as ... 19
astronaut ... 15
at the end of ... 116

B

back ... 87
baker ... 18
basic ... 78
basket ... 111
bat ... 118
be afraid of ... 60
be close to ... 8
be covered with ... 128
be from ... 28
be going to ... 100
be good at ... 8
be made of ... 128
be ready for ... 80
because ... 111
because of ... 112
become ... 51
beef ... 75
begin ... 114
believe ... 139
below ... 34
best ... 6
better ... 92
bill ... 158
bitter ... 91
blow out ... 12
body ... 86
boil ... 79
bone ... 86
borrow ... 112
bottle ... 131
bottom ... 38
brave ... 58
break ... 87
breakfast ... 74
breathe ... 127

aunt ... 47
away ... 36

bridge ... 31
bring ... 30
British ... 27
burn ... 79
business ... 160
buy ... 159

C

cafeteria ... 146
calendar ... 154
call ... 99
calm ... 94
camera ... 30
campaign ... 131
candle ... 10
card ... 10
care ... 52
careful ... 60
carry ... 30
case ... 136
cash ... 158
castle ... 138
center ... 118
certain ... 151
chance ... 134
change ... 35
chat ... 98
cheap ... 158
check out ... 112
cheer ... 114
chef ... 18
child ... 51
Chinese ... 27
clap ... 114
classmate ... 6
clear ... 132
clever ... 59
close ... 6
club ... 6

code	107
coffee	80
cold	35
collect	110
college	146
come	11
come from	28
comic	110
company	19
condition	88
congratulation	155
contest	148
control	139
conversation	151
cool	35
cost	159
could	151
country	26
couple	138
course	150
court	146
cousin	47
cover	126
cry	94
culture	27
cup	75
curious	59
customer	159

D

dangerous	134
dark	54
date	154
daughter	47
dead	135
death	70
decide	106
deep	39
dentist	18
design	19
designer	19
dessert	74
dialogue	151
die	135
die out	136
diet	74
different	47
difficult	147
dinner	74
dinosaur	135
disagree	151
discuss	106
do one's best	72
dollar	158
double	67
doughnut	92
dream	14
drop	118
dry	39
during	11

E

each	55
each other	56
early	70
Earth	34
easy	147
egg	75
elementary	146
email	99
end	116
energy	127
enjoy	110
enough	126
event	118
ever after	140
every	70
everyday	70
exam	147
example	130
exciting	94
exercise	119
expensive	158

F

fact	108
fail	147
fall	35, 114
family	46
famous	14
fan	118
fashion	54
fast food	76
favorite	10
feel	90
festival	148
few	39
field	39
fifth	115
fight	8
fill	106
film	110
find out	136
finish	116
fire	15
first	115
flag	26
flat	39
floor	67
focus	78
follow the rules	148
foolish	59
football	119
for	11
for example	132
forever	139
forget	107

form	106
fourth	115
fox	135
free	110
French	28
fresh	80
friendly	58
from	26
front	87
full	35
furniture	68
future	14

G

gain	56
garage	66
gas	127
gate	66
gentle	58
gentleman	50
get	11, 35
get cold	36
get hurt	88
get well	88
gift	10
give	11
glad	94
go	31
go on a trip	32
go upstairs	68
goal	119
god	139
gold	128
good	6
grab	87
grade	150
grandparent	46
grape	76
great	16

Greek	28
ground	126
group	31
grow	51
guide	31
guy	51
gym	146

H

habit	70
hair	54
half	155
hang	67
hard	18
hate	111
have	7
have to	72
head	86
healthy	19
hearing	90
heat	126
hero	51
hide	135
high	38
history	150
hobby	110
hold	87
holiday	30
honest	60
hope	79
hot	35
hotel	32
hour	155
house	66
How about...?	92
how to	76
however	139
huge	134
human	50

humorous	59
hundred	158
hundreds of	160
hurry	71
hurt	87
husband	46

I

I'd like to	152
idea	106
if	71
image	55
in the end	116
Internet	99
into	66
introduce	7
invite	11
issue	136

J

Japanese	27
job	14
join	6

K

keep	107
keep one's word	108
kill	135
kind	40
king	138
know	106
Korean	26

L

lady	50
land	126
language	27
last	115, 155
late	70

later 155	marathon 119	note 150
laugh 94	marry 138	notebook 150
laugh at 96	may 7	nothing 130
lazy 59	maybe 78	
learn 146	meal 74	**O**
leave 71	meat 75	of 27
lend 112	medal 120	office 19
lesson 72	member 6	often 71
let 7	message 99	oil 78
letter 98	middle 118	old 11
library 146	might 78	on time 156
lie 70	mind 86	once 139
life 70	minute 156	once upon a time 140
like 18	mirror 68	one 79
like to 20	miss 118	one another 80
lip 87	mistake 8	one day 156
list 130	model 19	only 51
listen 20	money 158	other 134
little 127	more 55	others 134
lock 67	most 134	out loud 96
look 48	move around 36	
look like 48	movie 15	**P**
lose 115	much 127	palace 138
loudly 58	muscle 86	paper 131
low 38	musician 14	parent 46
lucky 67	must 78	part 66
lunch 74		pass 147
	N	pass an exam 148
M	nation 26	past 14
mad 95	nature 38	pay 159
magic 138	neck 86	people 27
mail 99	need 30	person 50
main 15	neighbor 66	photo 46
make 6	nervous 95	pick 132
make a promise 108	never 72	pick up 132
make a wish 12	news 98	picnic 111
make money 160	newspaper 107	picture 46
man 50	none 55	piece 75
many 39	none of 56	pilot 15

plan ... 130	ring ... 99	smile ... 94
plastic ... 131	rock ... 126	smooth ... 91
play ... 20	role ... 15	social studies ... 150
pleased ... 94	rough ... 91	soil ... 126
point ... 119	round ... 54	solve ... 147
police ... 15	rude ... 58	some ... 55
polite ... 58		sometimes ... 71
poor ... 159	**S**	son ... 47
popular ... 14	safe ... 134	sound ... 90
pork ... 75	salad ... 74	soup ... 74
power ... 127	sale ... 159	sour ... 91
practice ... 119	salt ... 79	space ... 34
present ... 10	salty ... 91	spaceship ... 34
prize ... 120	same ... 47	spaghetti ... 75
problem ... 147	sauce ... 78	Spanish ... 27
program ... 111	save ... 130	speak ... 98
project ... 130	scare ... 95	special ... 10
promise ... 107	schedule ... 154	spicy ... 91
put ... 111	score ... 119	staff ... 160
	second ... 115, 156	stair ... 67
Q	secret ... 107	stay ... 32
queen ... 138	sell ... 159	steak ... 75
quietly ... 58	send ... 100	strange ... 135
quiz ... 147	sense ... 90	strong ... 55
	serious ... 95	stupid ... 59
R	set ... 111	style ... 54
race ... 114	shocked ... 96	sugar ... 79
radio ... 111	shoulder ... 86	sure ... 151
ready ... 79	show ... 66	surprised ... 96
receive ... 100	show up ... 68	survive ... 135
recipe ... 78	sick ... 19	sweet ... 91
recycle ... 131	side ... 38	
remember ... 107	sight ... 90	**T**
report ... 107	silly ... 59	take ... 48
resource ... 127	silver ... 128	take a picture ... 48
return ... 71	skin ... 86	take care of ... 52
reuse ... 131	slim ... 54	talk ... 98
rich ... 159	slip ... 114	tall ... 54
right ... 152	smell ... 90	target ... 118

194

taste … 90	twin … 47	win … 115
teach … 146	type … 40	win a prize … 120
teen … 51		wise … 59
tell … 98	**U**	wish … 12
text … 99	uncle … 47	woman … 50
textbook … 150	understand … 106	wonderful … 138
than … 55	unlock … 67	work … 18
thing … 130	unlucky … 67	work out … 120
think … 106	upset … 95	world … 26
third … 115	use … 131	worried … 95
thousand … 158	usually … 71	worry … 95
ticket … 110		would … 151
time … 140	**V**	Would you like to…? … 152
tiny … 134	valley … 39	wrong … 152
to … 26	veterinarian … 18	
to be honest … 60	video … 110	**Y**
today … 10	visit … 31	yell … 94
together … 7	voice … 54	yesterday … 114
tomorrow … 10		young … 11
tongue … 87	**W**	
tonight … 155	want … 12	
too … 91	want to … 16	
too ~ to… … 92	want to be … 16	
top … 38	warm … 35	
topic … 150	waste … 130	
touch … 90	watermelon … 76	
tower … 31	way … 119	
trash … 131	website … 99	
travel … 30	wedding … 139	
trip … 30	weekly … 154	
true … 108	weight … 56	
try … 52	welcome … 34	
try to … 52	well … 88	
turn … 140	wet … 39	
twenty-first … 154	when … 155	
twenty-fourth … 154	why … 155	
twenty-second … 154	Why don't you…? … 100	
twenty-third … 154	wife … 46	
twice … 139	will … 7	

A*List VOCA
어휘 암기장

초등 고난도

DAY 01

001	good	형 1. 좋은, 착한 2. 잘하는
002	best	형 최고의, 제일 좋은 명 최고
003	classmate	명 반 친구, 급우
004	close	형 가까운, 친한 동 (문 등을) 닫다
005	club	명 클럽, 동아리, 동호회
006	member	명 회원, 구성원
007	join	동 1. 가입하다, 가담하다 2. 연결하다 3. 합쳐지다
008	make	동 1. 만들다 2. (어떤 결과가) 생기게 하다
009	introduce	동 소개하다
010	let	동 ~하게 하다, ~하도록 허락하다
011	together	부 함께, 같이
012	alone	부 홀로, 혼자 형 혼자인
013	will	동 ~일 것이다, ~할 것이다
014	may	동 1. ~일지도 모른다 2. ~해도 좋다
015	have	동 1. 가지고 있다 2. (경험을) 하다 3. 먹다
016	already	부 이미, 벌써
017	mistake	명 실수, 잘못
018	fight	동 싸우다 명 싸움
019	be good at	~을 잘하다, ~에 능숙하다
020	be close to	~와 친하다, ~에 가깝다

021	special	형 특별한
022	favorite	형 아주 좋아하는 명 특히 좋아하는 것
023	today	명 오늘 부 오늘
024	tomorrow	명 내일 부 내일
025	card	명 1. 카드 2. (-s) 카드 게임 3. (은행 등의) 카드
026	candle	명 초, 양초
027	gift	명 1. 선물 2. (타고난) 재능
028	present	명 선물 형 1. 현재의 2. 참석한
029	old	형 1. 나이 든, 늙은 2. ~살[세]의
030	young	형 젊은, 어린
031	invite	동 초대하다, 초청하다
032	come	동 오다
033	give	동 주다
034	get	동 1. 받다, 얻다 2. 구하다, 사다 3. 도착하다
035	for	전 1. [대상] ~을 위한 2. [목적] ~을 위해 3. [시간] ~ 동안
036	during	전 [특정 기간] ~ 동안, ~ 내내
037	want	동 원하다, 바라다
038	wish	동 (~이기를) 바라다, 소원하다 명 소원
039	make a wish	소원을 빌다
040	blow out	불어서 끄다

DAY 03

041	**future**	명 미래, 장래 형 미래의
042	**past**	명 과거 형 과거의, 지나간
043	**job**	명 1. 직업 2. 직장, 일자리
044	**dream**	명 꿈 동 꿈을 꾸다, 상상하다
045	**artist**	명 화가, 예술가
046	**musician**	명 음악가, 뮤지션
047	**famous**	형 유명한
048	**popular**	형 인기 있는, 대중적인
049	**actor**	명 배우, 남자 배우
050	**movie**	명 영화
051	**role**	명 1. (배우의) 배역 2. 역할
052	**main**	형 주된, 가장 중요한
053	**fire**	명 불, 화재
054	**police**	명 경찰
055	**pilot**	명 (비행기) 조종사 동 조종하다
056	**astronaut**	명 우주 비행사
057	**great**	형 1. 훌륭한, 멋진 2. 큰, 거대한
058	**also**	부 또한, ~도
059	**want to + 동사**	~하고 싶다, ~하기를 원하다
060	**want to be**	~이(가) 되고 싶다

061	work	동 일하다, 근무하다 명 직장, 일
062	hard	형 1. 힘든, 어려운 2. 단단한 부 열심히, 세게
063	chef	명 주방장, 셰프
064	baker	명 제빵사
065	like	전 ~와 같은, ~처럼 동 좋아하다
066	act	동 행동하다, 연기하다 명 행동
067	veterinarian	명 1. 수의사 2. 수의사 진료소
068	dentist	명 1. 치과 의사 2. 치과 (진료소)
069	sick	형 아픈, 병든
070	healthy	형 건강한, 건강에 좋은
071	office	명 사무실, 근무처
072	company	명 회사
073	design	명 디자인 동 디자인하다, 설계하다
074	designer	명 디자이너
075	model	명 1. 모델 2. 모형
076	as	전 1. [자격] ~로서 2. ~처럼
077	play	동 1. 놀다 2. 연주하다, (레코드 등을) 틀다 3. (스포츠를) 하다
078	listen	동 (귀 기울여) 듣다
079	like to + 동사	~하는 것을 좋아하다
080	like + 동사ing	~하는 것을 좋아하다

081	world	명 세계, 세상
082	country	명 1. 나라 2. 시골
083	nation	명 국가, 민족
084	flag	명 기, 깃발
085	from	전 1. ~ 출신의, ~에서 온 2. ~로부터
086	to	전 1. ~(쪽)으로 2. ~까지 3. ~에게
087	Korean	명 한국인, 한국어 형 한국의, 한국인의
088	American	명 미국인 형 미국의, 미국인의
089	culture	명 문화
090	of	전 [소속·소유] ~의, ~ 중의
091	language	명 언어, 말
092	people	명 사람들, 국민
093	Chinese	명 중국인, 중국어 형 중국의, 중국인의
094	Japanese	명 일본인, 일본어 형 일본의, 일본인의
095	British	형 영국의, 영국인의 명 (the British) 영국인들
096	Spanish	명 스페인 사람, 스페인어 형 스페인의, 스페인 사람의
097	French	명 프랑스인, 프랑스어 형 프랑스의, 프랑스인의
098	Greek	명 그리스인, 그리스어 형 그리스의, 그리스인의
099	be from	~ 출신이다, ~에서 오다
100	come from	~ 출신이다, ~에서 나오다

101	holiday	명 1. 휴가 2. 휴일, 공휴일
102	trip	명 (짧은) 여행
103	around	전 ~ 주위에, ~을 둘러싸고 부 빙 돌아서
104	travel	동 (장거리를) 여행하다, 이동하다 명 여행
105	need	동 1. (~을) 필요로 하다 2. ~할 필요가 있다
106	camera	명 카메라
107	bring	동 (~ 쪽으로) 가져오다, 데려오다
108	carry	동 1. 들고 있다, 휴대하다 2. 운반하다
109	airport	명 공항
110	arrive	동 도착하다
111	visit	동 방문하다, 찾아가다
112	go	동 가다, 떠나다
113	group	명 무리, 집단, 그룹
114	guide	명 안내자, 안내원 동 안내하다
115	tower	명 탑, 송신탑
116	bridge	명 다리, 교량
117	hotel	명 호텔
118	stay	동 머무르다, (~에서) 지내다 명 머무름
119	go on a trip	여행을 가다
120	arrive at[in]	~에 도착하다

121	space	명 1. 우주 2. 공간
122	Earth	명 지구
123	spaceship	명 우주선
124	welcome	동 환영하다, 맞이하다 형 환영받는
125	above	전 ~보다 위에, ~보다 높이
126	below	전 ~보다 아래에, ~보다 밑에
127	across	전 1. ~을 가로질러 2. ~ 건너편에, ~ 맞은편에
128	against	전 ~에 반(대)하여, ~에 맞서
129	full	형 1. (~이) 가득 찬, 가득한 2. 배부른
130	fall	동 1. 떨어지다 2. (눈·비가) 내리다 명 가을
131	hot	형 1. 더운, 뜨거운 2. 매운
132	cold	형 추운, 차가운
133	warm	형 따뜻한
134	cool	형 1. 시원한 2. 멋진
135	change	동 변하다, 바뀌다 명 변화
136	get	동 (어떤 상태가) 되다, ~하게 되다
137	away	부 (공간·시간적으로) 떨어져, 멀리
138	ahead	부 (공간·시간상으로) 앞에, 앞쪽으로
139	move around	~ 주위를 돌다
140	get cold	추워지다

141	nature	명 자연
142	amazing	형 아주 놀라운, 굉장한
143	high	형 1. (높이가) 높은 2. (평균보다) 높은 3. 높이가 …인
144	low	형 1. (높이가) 낮은 2. (평균보다) 낮은, 적은 부 낮게
145	top	명 맨 위, 꼭대기
146	bottom	명 맨 아래, 바닥
147	along	전 ~을 따라 부 (~와) 함께
148	side	명 1. 쪽 2. 옆면, 가장자리 3. (~의) 편, 쪽
149	valley	명 계곡, 골짜기
150	field	명 1. 들판, 밭 2. (경기)장
151	deep	형 깊은 부 깊이, 깊게
152	flat	형 평평한, 납작한
153	dry	형 마른, 건조한
154	wet	형 1. 젖은, 축축한 2. 비가 오는
155	many	형 (수가) 많은, 다수의
156	few	형 (수가) 많지 않은, 거의 없는
157	kind	명 종류 형 친절한
158	type	명 유형, 종류
159	a lot	아주 많이, 대단히
160	a kind of	~의 한 종류, 일종의, ~ 같은

161	family	명 가족
162	album	명 1. 사진첩, 앨범 2. (음악) 앨범
163	photo	명 사진
164	picture	명 1. 그림 2. 사진 동 그리다, 상상하다
165	parent	명 부모 (아버지나 어머니 한 사람)
166	grandparent	명 조부모 (할아버지나 할머니 한 사람)
167	husband	명 남편
168	wife	명 아내
169	son	명 아들
170	daughter	명 딸
171	uncle	명 1. 삼촌 (외삼촌, 고모부, 이모부) 2. 아저씨
172	aunt	명 1. 고모, 이모, 숙모 2. 아줌마
173	cousin	명 사촌
174	twin	명 쌍둥이 (중의 한 명)
175	same	형 (똑)같은 명 같은 것
176	different	형 다른, 차이가 나는
177	look	동 1. ~처럼 보이다, ~인 것 같다 2. (바라)보다
178	take	동 1. 가져가다, 데리고 가다 2. 잡다 3. (사진을) 찍다
179	look like	~할 것 같다, ~처럼 보이다
180	take a picture	사진을 찍다

181	person	몡 사람, 개인
182	human	몡 인간, 사람 휑 인간의, 사람의
183	man	몡 1. 남자, 남성 2. (남녀 상관없이) 사람
184	woman	몡 여자, 여성
185	lady	몡 숙녀, 부인
186	gentleman	몡 신사
187	age	몡 나이, 연령
188	almost	튀 거의
189	child	몡 1. 아이, 어린이 2. 자식
190	only	휑 유일한 튀 오직, 단지
191	teen	몡 십 대, 10대 휑 십 대의
192	adult	몡 어른, 성인 휑 성인의, 성숙한
193	guy	몡 남자, 녀석 (비격식)
194	hero	몡 영웅
195	grow	통 1. 자라다 2. ~해지다
196	become	통 ~이 되다, ~해지다
197	care	몡 돌봄, 보살핌 통 1. 돌보다 2. 신경 쓰다
198	try	통 1. 노력하다, 애쓰다 2. 시도하다 몡 시도
199	take care of	~을 돌보다, ~을 보살피다
200	try to + 동사	~하기 위해 노력하다

201	voice	명 목소리, 음성
202	hair	명 머리(카락), 털
203	round	형 둥근, 원형의
204	dark	형 1. 어두운 2. 짙은 명 어둠
205	style	명 1. (옷 등의) 스타일, 모양 2. 방식
206	fashion	명 패션, 유행
207	tall	형 키가 큰, (건물이) 높은
208	slim	형 날씬한
209	than	접 전 ~보다 (더)
210	more	부 더 형 더 많은
211	strong	형 1. 강한, 튼튼한 2. (농도가) 진한
212	image	명 이미지, 인상, 모습
213	any	형 1. 어느 (누구라도), 어떤 (하나라도) 2. (부정문에서) 아무도, 아무것도
214	none	대 아무도, 하나도 (~ 않다)
215	each	형 각각의, 각자의 대 각각, 각자
216	some	대 몇몇, 일부 형 일부의, 어떤
217	gain	동 1. 얻다, 획득하다 2. (체중 등을) 늘리다
218	weight	명 무게, 체중
219	each other	서로
220	none of	~ 중 아무도 (~ 아니다)

221	**friendly**	형 친절한, 우호적인
222	**gentle**	형 부드러운, 온화한, 정중한
223	**polite**	형 예의 바른, 공손한
224	**rude**	형 무례한, 버릇없는
225	**brave**	형 용감한, 용기 있는
226	**afraid**	형 두려워하는, 겁내는
227	**quietly**	부 조용히, 침착하게
228	**loudly**	부 크게, 시끄럽게
229	**clever**	형 영리한, 약삭빠른
230	**wise**	형 현명한, 지혜로운
231	**foolish**	형 어리석은, 바보 같은
232	**stupid**	형 어리석은, 멍청한
233	**silly**	형 바보 같은, 우스꽝스러운, 유치한
234	**lazy**	형 게으른
235	**curious**	형 호기심이 많은, 궁금한
236	**humorous**	형 재미있는, 유머가 있는
237	**honest**	형 정직한, 솔직한
238	**careful**	형 조심하는, 주의 깊은, 신중한
239	**be afraid of**	~을 두려워하다, ~을 무서워하다
240	**to be honest**	솔직히 (말하자면)

241	house	명 집, 주택
242	apartment	명 아파트
243	gate	명 1. 출입문, 대문 2. (공항의) 탑승구
244	garage	명 차고
245	show	동 1. 보여 주다 2. 안내하다 명 쇼, 전시회
246	into	전 1. ~ 안으로, (~ 방향)으로 2. ~로 (되다)
247	part	명 부분, 일부
248	neighbor	명 이웃, 이웃 사람
249	lock	동 (자물쇠로) 잠그다 명 자물쇠, 잠금 장치
250	unlock	동 (열쇠로) 열다, 잠금 해제를 하다
251	lucky	형 운이 좋은, 행운의
252	unlucky	형 운이 나쁜, 불행한, 불길한
253	floor	명 1. (실내의) 바닥 2. (건물의) 층
254	stair	명 1. (-s) 계단, 층계 2. (계단의) 한 단
255	double	형 1. 이중의, 2인용의 2. (양이나 수가) 두 배의
256	hang	동 걸다, 매달다
257	furniture	명 가구
258	mirror	명 거울
259	show up	(예정된 곳에) 나타나다, 모습을 보이다
260	go upstairs	위층으로 올라가다

| 261 every | 형 1. 모든, 하나하나 다 2. 매~, ~마다 |
| 262 everyday | 형 매일의, 일상적인 |

| 263 life | 명 1. 인생, 삶 2. 생명, 목숨 |
| 264 death | 명 죽음, 사망 |

| 265 habit | 명 버릇, 습관 |
| 266 lie | 동 1. 눕다, 누워 있다 2. 거짓말하다 |

| 267 early | 형 이른, 빠른 부 빨리, 일찍 |
| 268 late | 형 늦은 부 늦게 |

| 269 hurry | 동 서두르다, 급히 하다 |
| 270 if | 접 (만약) ~라면, ~의 경우에는 |

| 271 leave | 동 1. 떠나다, 출발하다 2. 그대로 두다 |
| 272 return | 동 1. 돌아오다[가다] 2. 돌려주다, 반납하다 |

| 273 always | 부 항상, 늘 |
| 274 usually | 부 보통, 대개 |

| 275 often | 부 자주, 종종 |
| 276 sometimes | 부 때때로, 가끔 |

| 277 never | 부 절대[한 번도] ~ 않다 |
| 278 lesson | 명 수업, 교습, 레슨 |

| 279 do one's best | 최선을 다하다 |
| 280 have to | ~해야 한다 |

281	**meal**	명 식사, 끼니
282	**diet**	명 1. 식사, 음식 2. 다이어트
283	**breakfast**	명 아침 식사
284	**lunch**	명 점심 식사
285	**dinner**	명 저녁 식사, 만찬
286	**dessert**	명 디저트, 후식
287	**soup**	명 수프
288	**salad**	명 샐러드
289	**cup**	명 컵, 잔
290	**piece**	명 (한) 조각, 한 개
291	**egg**	명 1. 달걀 2. (조류·곤충 등의) 알
292	**meat**	명 고기, 육류
293	**beef**	명 소고기
294	**pork**	명 돼지고기
295	**steak**	명 스테이크
296	**spaghetti**	명 스파게티
297	**watermelon**	명 수박
298	**grape**	명 포도 (한 알)
299	**how to**	~하는 방법
300	**fast food**	패스트푸드

| 301 | basic | 형 기본적인, 기초적인 명 (-s) 기본, 기초 |
| 302 | recipe | 명 조리법, 레시피 |

| 303 | must | 동 1. (반드시) ~해야 한다 2. ~임에 틀림없다 |
| 304 | focus | 동 집중하다, 초점을 맞추다 명 초점 |

| 305 | maybe | 부 어쩌면, 아마 |
| 306 | might | 동 ~일지도 모른다, ~일 수도 있다 |

| 307 | oil | 명 1. 기름, 식용유 2. 석유 |
| 308 | sauce | 명 소스 |

| 309 | sugar | 명 설탕 |
| 310 | salt | 명 소금 |

| 311 | boil | 동 1. 끓다; 끓이다 2. 삶다, 데치다 |
| 312 | burn | 동 1. (불에) 타다; 태우다 2. (햇볕 등에) 타다 |

| 313 | ready | 형 준비가 (다) 된 |
| 314 | hope | 동 바라다, 희망하다 명 희망 |

| 315 | one | 명 형 하나(의) (여러 개 중 아무거나 하나) 대 (앞서 언급한) 그것 |
| 316 | another | 형 또 다른 하나의 대 또 하나의 것 |

| 317 | fresh | 형 1. 신선한 2. 갓 만든 |
| 318 | coffee | 명 커피 |

| 319 | one another | 서로(서로) |
| 320 | be ready for + 명사 | ~할 준비가 되다 |

321	**body**	명 몸, 신체
322	**mind**	명 마음, 정신　동 꺼리다, 싫어하다
323	**head**	명 1. 머리　2. 우두머리, 장
324	**skin**	명 피부, 껍질
325	**bone**	명 뼈, 뼈다귀
326	**muscle**	명 근육
327	**neck**	명 목
328	**shoulder**	명 어깨 (양 어깨 중의 한쪽)
329	**back**	명 1. 등, (등)허리　2. 뒤쪽　부 뒤로
330	**front**	명 앞면, 앞쪽
331	**lip**	명 입술 (한쪽)
332	**tongue**	명 혀, 혓바닥
333	**hold**	동 1. 잡다, 쥐다　2. (손에) 들다
334	**grab**	동 붙잡다, 움켜쥐다, (와락) 잡아채다
335	**break**	동 깨다; 깨어지다, 부서지다
336	**hurt**	동 1. 다치게 하다　2. 아프다
337	**condition**	명 1. 상태, 건강 상태　2. (-s) 환경, 상황
338	**well**	부 잘, 훌륭하게　형 (상태 등이) 좋은, 건강한
339	**get hurt**	다치다
340	**get well**	나아지다, 좋아지다

341	sense	명 감각, 느낌 동 느끼다
342	sound	명 소리, 음 동 1. 소리가 나다 2. ~하게 들리다
343	sight	명 시력, 시각, 보기
344	hearing	명 청력, 청각
345	smell	명 냄새, 후각 동 ~한 냄새가 나다; 냄새를 맡다
346	taste	명 맛, 미각 동 맛이 ~하다, ~한 맛이 나다
347	touch	명 만지기, 촉각 동 만지다, 접촉하다
348	feel	동 느끼다, ~한 기분이 들다
349	smooth	형 1. 매끄러운 2. (일 등이) 순조롭게 나가는
350	rough	형 거친, 거칠거칠한
351	sweet	형 달콤한, 단
352	salty	형 짠, 짭짤한
353	sour	형 (맛이) 신, 시큼한
354	bitter	형 1. (맛이) 쓴 2. 쓰라린, 혹독한
355	spicy	형 매운, 양념 맛이 강한
356	too	부 1. 너무 (~한) 2. ~도 또한
357	better	형 더 좋은, 더 잘하는 부 더 잘, 더 많이
358	doughnut	명 도넛
359	too ~ to...	너무 ~해서 …할 수 없다
360	How about...?	…는 어때요? / …하면 어떨까요?

361	glad	형 기쁜, 반가운
362	pleased	형 기쁜, 행복한
363	cry	동 1. 울다 2. 외치다
364	yell	동 소리 지르다, 고함치다
365	smile	동 미소 짓다 명 미소
366	laugh	동 (소리 내어) 웃다 명 웃음(소리)
367	exciting	형 신나는, 흥미진진한
368	calm	형 침착한, 차분한 동 진정하다; 진정시키다
369	mad	형 1. 성난, 화가 난 2. 미친
370	upset	형 속상한, 화난 동 뒤엎다, 속상하게 하다
371	anger	명 화, 분노
372	scare	동 1. 겁주다 2. 겁먹다, 무서워하다
373	worry	동 1. 걱정하다 2. 걱정시키다
374	worried	형 걱정하는, 걱정스러워하는
375	serious	형 심각한, 진지한
376	nervous	형 불안해하는, 초조해하는, 긴장하는
377	surprised	형 놀란, 놀라는
378	shocked	형 충격을 받은
379	out loud	소리 내어, 큰 소리로
380	laugh at	~을 비웃다, ~을 놀리다

381	tell	동 1. 말하다 2. 알리다, 전하다
382	talk	동 1. 말하다, 수다를 떨다 2. 논의하다
383	speak	동 이야기하다, 말하다
384	chat	동 1. 수다 떨다 2. 채팅하다 명 수다, 채팅
385	news	명 뉴스, 소식
386	about	전 ~에 관한, ~에 대하여
387	letter	명 1. 편지 2. 글자, 문자
388	address	명 주소
389	mail	명 우편 (제도), 우편물 동 우편으로 보내다
390	email	명 전자우편, 이메일 동 전자우편으로 보내다
391	website	명 웹사이트, 홈페이지
392	Internet	명 인터넷
393	call	동 1. 전화하다 2. 부르다
394	ring	동 1. (종 등이) 울리다 2. 초인종을 누르다
395	text	동 문자 메시지를 보내다 명 글, 문자
396	message	명 1. 메시지, 전언 2. (이메일·휴대전화 등으로 온) 메시지
397	send	동 보내다, 발송하다
398	receive	동 받다, 받아들이다
399	be going to	~할 예정이다, ~할 것 같다
400	Why don't you...?	~하는 게 어때(요)?

401	think	동 생각하다
402	idea	명 생각, 발상, 아이디어
403	understand	동 이해하다, 알아듣다
404	know	동 알다, 알고 있다
405	discuss	동 논의하다, 토론하다
406	decide	동 결정하다, 결심하다
407	form	동 형성하다, 이루다 명 1. 유형, 형태 2. 서식
408	fill	동 (가득) 채우다, 채워지다
409	secret	형 비밀의 명 비밀
410	code	명 1. 암호, 부호 2. (컴퓨터) 코드
411	keep	동 1. 지키다, 유지하다 2. (~을) 계속하다
412	promise	동 약속하다 명 약속
413	remember	동 기억하다, 기억나다
414	forget	동 잊다, 잊어버리다
415	newspaper	명 신문
416	report	명 1. 보도 2. 보고서 동 알리다, 보도하다
417	fact	명 사실, (실제의) 일
418	true	형 1. 사실인, 맞는 2. 진짜의
419	make a promise	약속하다
420	keep one's word	(~의) 약속을 지키다, (~가 한) 말을 지키다

DAY 22

| 421 | free | 형 1. 자유로운, 한가한 2. 무료의 |
| 422 | hobby | 명 취미 |

| 423 | collect | 동 모으다, 수집하다 |
| 424 | enjoy | 동 즐기다, 즐거운 시간을 보내다 |

| 425 | film | 명 1. 영화 2. (카메라의) 필름 |
| 426 | video | 명 영상, 비디오 동 녹화하다 |

| 427 | comic | 형 웃기는, 코미디의 명 만화(책) |
| 428 | ticket | 명 표, 입장권 |

| 429 | program | 명 프로그램 동 프로그램을 짜다 |
| 430 | radio | 명 라디오 |

| 431 | picnic | 명 피크닉, 소풍 |
| 432 | basket | 명 바구니 |

| 433 | put | 동 놓다, 두다, 넣다 |
| 434 | set | 동 1. 놓다, 두다 2. (상을) 차리다 3. (기기를) 맞추다 명 세트, 한 조 |

| 435 | hate | 동 미워하다, 몹시 싫어하다 명 미움 |
| 436 | because | 접 (왜냐하면) ~ 때문에, ~해서 |

| 437 | borrow | 동 빌리다 |
| 438 | lend | 동 빌려주다 |

| 439 | check out | 1. (도서관에서) 책을 대여하다 2. (호텔에서) 체크아웃 하다, 퇴실하다 |
| 440 | because of | ~ 때문에 |

DAY 23

441	**yesterday**	몡 어제 뷔 어제
442	**ago**	뷔 ~ 전에
443	**race**	몡 경주, 달리기 (시합)
444	**begin**	동 시작하다; 시작되다
445	**cheer**	동 1. 응원하다, 환호성을 지르다 2. 기운이 나다 몡 환호(성)
446	**clap**	동 박수를 치다, 손뼉을 치다
447	**fall**	동 1. 넘어지다 2. (눈·비가) 내리다, 떨어지다
448	**slip**	동 미끄러지다, 넘어지다
449	**win**	동 1. 이기다 2. 얻다
450	**lose**	동 1. 지다 2. 잃어버리다
451	**first**	형몡 첫 번째의, 1등의; 첫째 뷔 우선, 맨 먼저
452	**last**	형 마지막의 뷔 맨 끝에, 마지막에
453	**second**	형몡 두 번째의; 2번째 뷔 둘째로
454	**third**	형몡 세 번째의; 3번째 뷔 세 번째로
455	**fourth**	형몡 네 번째의; 4번째 뷔 네 번째로
456	**fifth**	형몡 다섯 번째의; 5번째 뷔 다섯 번째로
457	**finish**	동 끝내다; 끝나다 몡 끝
458	**end**	몡 끝, 종료 동 끝나다; 끝내다
459	**in the end**	마침내, 결국
460	**at the end of**	~끝에, ~말에

DAY 24

461	fan	명 1. (스포츠·연예인 등의) 팬 2. 선풍기
462	event	명 1. 사건 2. 행사, 경기
463	bat	명 1. 방망이, 배트 2. 박쥐
464	drop	동 떨어지다, 떨어뜨리다
465	miss	동 1. 놓치다, 빗나가다 2. 그리워하다
466	target	명 목표, 표적, 과녁
467	center	명 중심, 중앙
468	middle	명 중앙, (한)가운데 형 중간의
469	exercise	동 운동하다, 연습하다 명 운동, 연습
470	practice	동 연습하다 명 연습, 실습
471	marathon	명 마라톤 경주 형 마라톤의
472	football	명 1. 축구 (영국 영어) 2. 풋볼, 미식축구
473	way	명 1. 길 2. 방법
474	point	명 1. 요점 2. 점수 동 가리키다
475	score	명 점수, 득점, 스코어 동 득점하다
476	goal	명 1. 골문 2. 골, 득점 3. 목표
477	medal	명 메달, 훈장
478	prize	명 상, 상금, 경품
479	work out	(건강·몸매 관리 등을 위해) 운동하다
480	win a prize	상을 타다

DAY 25

481	land	명 땅, 육지 동 (땅에) 내려앉다, 착륙하다
482	ground	명 지면, 땅(바닥)
483	area	명 1. 지역, 구역 2. 영역, 분야
484	cover	동 덮다, 씌우다 명 덮개, 커버
485	rock	명 바위, 암석, 돌
486	soil	명 토양, 흙
487	heat	명 열기, 더위 동 데우다, 가열하다
488	enough	형 충분한 부 충분히
489	little	형 1. (양이) 거의 없는, 아주 적은 2. 작은, 어린
490	much	형 (양이) 많은 부 매우, 대단히
491	energy	명 1. 힘, 기운 2. (전기·태양열 등의) 에너지
492	power	명 1. 힘, 능력 2. 동력, 에너지
493	air	명 1. 공기 2. 공중, 허공
494	breathe	동 숨을 쉬다, 호흡하다
495	gas	명 기체, 가스
496	resource	명 자원
497	gold	명 금, 황금 형 금빛의
498	silver	명 은 형 은색의
499	be covered with	~로 뒤덮이다
500	be made of	~로 만들어지다, ~로 이루어지다

DAY 26

501	**thing**	명 1. (어떤) 것, 물체 2. 일
502	**nothing**	대 아무것도 (~ 아니다), 하나도 (~ 없다)
503	**save**	동 1. 아끼다, 모으다 2. (생명을) 구하다
504	**waste**	동 낭비하다 명 낭비, 쓰레기, 폐기물
505	**example**	명 1. 예, 보기 2. 본보기
506	**project**	명 (사업) 계획, 연구 과제, 프로젝트
507	**plan**	명 계획 동 계획하다
508	**list**	명 목록, 리스트 동 목록을 작성하다
509	**campaign**	명 캠페인, (사회적·정치적) 운동 동 캠페인을 벌이다
510	**recycle**	동 재활용하다
511	**bottle**	명 병
512	**plastic**	명 플라스틱 형 플라스틱[비닐]으로 된
513	**paper**	명 종이
514	**trash**	명 쓰레기
515	**use**	동 쓰다, 사용하다 명 사용
516	**reuse**	동 재사용하다
517	**pick**	동 1. 고르다 2. (과일 등을) 따다 명 고르기, 선택
518	**clear**	형 1. 맑은 2. 분명한, 확실한
519	**for example**	예를 들면
520	**pick up**	1. 집어 들다 2. 전화를 받다 3. 데리러 가다

DAY 27

521	huge	형 거대한, 엄청난
522	tiny	형 아주 작은, 아주 적은
523	other	형 1. 다른 2. (the -) (둘 중) 다른 하나의
524	others	명 다른 것들, 다른 사람들
525	dangerous	형 위험한
526	safe	형 안전한, 무사한
527	most	부 가장, 가장 많이 형 가장 많은[큰], 대부분(의)
528	chance	명 1. 기회, 가능성 2. 우연
529	kill	동 죽이다
530	survive	동 살아남다, 생존하다
531	fox	명 여우
532	hide	동 1. 숨다 2. 감추다, 숨기다
533	strange	형 이상한, 낯선
534	dinosaur	명 공룡
535	die	동 죽다, 사라지다
536	dead	형 죽은, 생명이 없는
537	issue	명 문제, 사안, 쟁점거리
538	case	명 1. (특정한 상황의) 경우 2. 용기, 통
539	die out	멸종하다, 소멸하다
540	find out	알아내다, 찾아내다

DAY 28

541	magic	명 마법, 마술
542	wonderful	형 아주 멋진, 경이로운
543	king	명 왕, 국왕
544	queen	명 여왕
545	castle	명 성
546	palace	명 궁전, 왕실
547	couple	명 1. 둘, 한 쌍 2. 두어 명[개]
548	marry	동 (~와) 결혼하다
549	wedding	명 결혼, 결혼식
550	forever	부 영원히
551	god	명 1. 신, 남신 2. 하느님, 창조주(God)
552	control	동 지배하다, 통제하다
553	believe	동 믿다, 믿음이 있다
554	however	접 그렇지만, 그러나
555	once	부 한 번, 1회
556	twice	부 1. 두 번, 2회 2. 두 배로
557	time	명 1. 시간, 때 2. (반복되는 행위의) 번, 회
558	turn	동 1. 돌다; 돌리다 2. (~로) 변하다
559	once upon a time	옛날 옛적에
560	ever after	그 뒤로 쭉, 내내

DAY 29

561	elementary	형	1. 초급의, 초보의 2. 기본적인
562	college	명	대학, 대학교
563	gym	명	1. 체육관 2. 헬스클럽
564	court	명	1. (테니스 등의) 코트, 경기장 2. 법정, 법원
565	cafeteria	명	구내식당, 카페테리아
566	library	명	도서관, 자료실
567	teach	동	가르치다
568	learn	동	배우다, 익히다
569	exam	명	1. 시험 2. (의학적) 검사
570	quiz	명	(간단한) 시험, 퀴즈
571	solve	동	(문제를) 풀다, 해결하다
572	problem	명	1. 문제, 골칫거리 2. (수학) 문제
573	easy	형	쉬운, 편한
574	difficult	형	어려운, 힘든
575	pass	동 / 명	1. 지나가다 2. 건네주다 3. (시험에) 합격하다 / 합격, 통과
576	fail	동 / 명	1. 실패하다 2. (시험에) 떨어지다 / 낙제, 불합격
577	festival	명	축제
578	contest	명	대회, 시합, 콘테스트
579	follow the rules		규칙을 따르다, 규칙을 지키다
580	pass an exam		시험을 통과하다, 시험에 합격하다

DAY 30

581	grade	명 1. 학년 2. 성적, 학점
582	note	명 1. 쪽지, 메모 2. (수업 등의) 필기, 노트
583	textbook	명 교과서
584	notebook	명 공책
585	history	명 역사
586	social studies	명 사회
587	course	명 1. 강좌, 강의 2. 경로, 방향
588	topic	명 화제, 주제
589	conversation	명 대화, 회화
590	dialogue	명 (책·연극·영화에 나오는) 대화
591	could	동 1. ~할 수 있었다 2. ~해도 좋다
592	would	동 1. ~일 것이다 2. ~할 텐데 3. ~하고 싶다
593	agree	동 동의하다, 찬성하다
594	disagree	동 동의하지 않다, 의견이 다르다
595	sure	형 확실한, 확신하는
596	certain	형 확실한, 틀림없는
597	right	형 1. 옳은, 올바른 2. 맞는 3. 오른쪽의
598	wrong	형 1. 옳지 못한 2. 틀린, 잘못된
599	Would you like to...?	~하시겠어요?
600	I'd like to	~하고 싶어요, ~하려고 하는데요

DAY 31

601	calendar	명 1. 달력 2. 일정표, 연중 행사표
602	date	명 1. 날짜 2. 만날 약속, 데이트
603	twenty-first	명 21번째, 21일
604	twenty-second	명 22번째, 22일
605	twenty-third	명 23번째, 23일
606	twenty-fourth	명 24번째, 24일
607	schedule	명 일정, 스케줄
608	weekly	형 매주의, 주 단위의, 주 1회의
609	when	부 언제 접 ~하는 때, ~하면
610	why	부 1. 왜, 어째서 2. ~한 이유
611	congratulation	명 축하 (인사)
612	tonight	부 오늘 밤에 명 오늘 밤
613	later	부 나중에, 뒤에
614	last	형 1. 지난, 가장 최근의 2. 마지막의 부 마지막으로
615	hour	명 시간, 1시간
616	half	명 반, 절반 형 반의, 2분의 1의
617	minute	명 1. (시간 단위의) 분 2. 순간, 잠깐
618	second	명 1. (시간 단위의) 초 2. 순간, 잠깐 형 두 번째의
619	on time	제시간에 정확히, 정각에
620	one day	1. 언젠가는 (미래) 2. 어느 날 (과거)

DAY 32

621	hundred	명 백, 100 형 (수없이) 많은, 수백의
622	thousand	명 천, 1000 형 수천의, 수많은
623	dollar	명 달러 (미국의 화폐 단위)
624	bill	명 1. 지폐 2. 고지서, 계산서
625	cheap	형 (값이) 싼, 싸구려의
626	expensive	형 (값이) 비싼, 고가의
627	money	명 돈
628	cash	명 현금, 현찰
629	cost	명 비용, 값 동 (비용·값이) 들다
630	pay	동 (돈을) 내다, 지불하다 명 급료, 보수
631	buy	동 사다, 구입하다
632	sell	동 팔다, 팔리다
633	sale	명 1. 판매 2. 할인 판매, 세일
634	customer	명 (상점의) 손님, 고객
635	rich	형 부유한, 돈 많은
636	poor	형 가난한
637	business	명 1. 사업, 장사 2. 일, 업무
638	staff	명 참모, 직원
639	hundreds of	수백의, 수많은
640	make money	돈을 벌다

MEMO

MEMO

MEMO

A*List VOCA

영영 단어장

초등
고난도

A*List VOCA

영영 단어장

초등
고난도

DAY 01

☐	001	**good**	*adj.* nice; not bad
☐	002	**best**	*adj.* most excellent
☐	003	**classmate**	*n.* a friend in the same class
☐	004	**close**	*adj.* near
☐	005	**club**	*n.* a group of people who meet for a special activity
☐	006	**member**	*n.* a person in a club or group
☐	007	**join**	*v.* to become a member of a group
☐	008	**make**	*v.* to create
☐	009	**introduce**	*v.* to present one person to another person (for the first time)
☐	010	**let**	*v.* to allow
☐	011	**together**	*adv.* with each other
☐	012	**alone**	*adv.* without other people
☐	013	**will**	*v.* be going to
☐	014	**may**	*v.* can; might
☐	015	**have**	*v.* to own; to eat
☐	016	**already**	*adv.* before now; earlier
☐	017	**mistake**	*n.* an error; a wrong action
☐	018	**fight**	*v.* to hit and kick someone
☐	019	**be good at**	*phr.* to do (something) very well
☐	020	**be close to**	*phr.* to know someone very well

DAY 02

☐	021 **special**	*adj.* not usual
☐	022 **favorite**	*adj.* best liked
☐	023 **today**	*n.* this day; the present day
☐	024 **tomorrow**	*n.* the day after today
☐	025 **card**	*n.* a piece of paper for writing messages
☐	026 **candle**	*n.* a stick of wax with a string (in the middle)
☐	027 **gift**	*n.* a present
☐	028 **present**	*n.* a gift
☐	029 **old**	*adj.* having lived for a long time; not young
☐	030 **young**	*adj.* having lived for a short time; not old
☐	031 **invite**	*v.* to ask someone to come to an event
☐	032 **come**	*v.* to move to (a person or place)
☐	033 **give**	*v.* to hand something to someone
☐	034 **get**	*v.* to receive; to buy; to arrive
☐	035 **for**	*prep.* with the purpose of; in order to
☐	036 **during**	*prep.* from the beginning to the end of (a period)
☐	037 **want**	*v.* to hope or wish
☐	038 **wish**	*v.* to want (something) to happen; to hope
☐	039 **make a wish**	*phr.* to wish
☐	040 **blow out**	*phr.* to put out (a fire) by blowing

DAY 03

☐	041 **future**	n. the time after the present
☐	042 **past**	n. the time before the present
☐	043 **job**	n. the work that you do (to make money)
☐	044 **dream**	n. the images you have when sleeping
☐	045 **artist**	n. a person who makes art
☐	046 **musician**	n. a person who makes music
☐	047 **famous**	adj. well-known
☐	048 **popular**	adj. liked by many people
☐	049 **actor**	n. a person who acts in a play or movie
☐	050 **movie**	n. a film
☐	051 **role**	n. an actor's part in a play or movie
☐	052 **main**	adj. most important
☐	053 **fire**	n. light and heat made by burning
☐	054 **police**	n. a group of officers who work to keep people safe
☐	055 **pilot**	n. a person who flies an airplane
☐	056 **astronaut**	n. a person who goes to space
☐	057 **great**	adj. very good
☐	058 **also**	adv. in addition
☐	059 **want to + v**	phr. to hope to (do something)
☐	060 **want to be**	phr. to hope to become something (in the future)

DAY 04

☐	061 **work**	v. to have a job
☐	062 **hard**	adj. not easy; not soft
☐	063 **chef**	n. a head cook
☐	064 **baker**	n. a person who bakes bread
☐	065 **like**	prep. similar to; as
☐	066 **act**	v. to do something
☐	067 **veterinarian**	n. an animal doctor
☐	068 **dentist**	n. a tooth doctor
☐	069 **sick**	adj. not feeling well
☐	070 **healthy**	adj. strong and well
☐	071 **office**	n. a place where people work
☐	072 **company**	n. a business organization
☐	073 **design**	n. a drawing (or plan) of something
☐	074 **designer**	n. a person who makes designs
☐	075 **model**	n. a person who wears and shows new styles of clothes
☐	076 **as**	prep. in the role of; like
☐	077 **play**	v. to do things for fun
☐	078 **listen**	v. to try to hear
☐	079 **like to + v**	phr. to enjoy; to love to
☐	080 **like + v-ing**	phr. to enjoy; to love v-ing

DAY 05

☐ 081	**world**	n. the Earth and all the things on it
☐ 082	**country**	n. a nation
☐ 083	**nation**	n. a country
☐ 084	**flag**	n. a piece of cloth used as a symbol
☐ 085	**from**	prep. starting at; coming out of
☐ 086	**to**	prep. toward something
☐ 087	**Korean**	n. a person from Korea; the language of Korea
☐ 088	**American**	n. a person from America
☐ 089	**culture**	n. the arts and the way of life (of a group of people)
☐ 090	**of**	prep. belonging to
☐ 091	**language**	n. a system of words used by people
☐ 092	**people**	n. persons; humans
☐ 093	**Chinese**	n. a person from China; the language of China
☐ 094	**Japanese**	n. a person from Japan; the language of Japan
☐ 095	**British**	adj. coming from Great Britain or its people
☐ 096	**Spanish**	n. a person from Spain; the language of Spain
☐ 097	**French**	n. a person from France; the language of France
☐ 098	**Greek**	n. a person from Greece; the language of Greece
☐ 099	**be from**	phr. to come from
☐ 100	**come from**	phr. to be from; to be made in

DAY 06

☐	101 **holiday**	*n.* a vacation
☐	102 **trip**	*n.* a short journey
☐	103 **around**	*prep.* on every side; in a circle
☐	104 **travel**	*v.* to go on a trip
☐	105 **need**	*v.* to want; to have to
☐	106 **camera**	*n.* a device for taking pictures
☐	107 **bring**	*v.* to come to a place with something (or someone)
☐	108 **carry**	*v.* to have something with you
☐	109 **airport**	*n.* a place where planes arrive and leave
☐	110 **arrive**	*v.* to get to a place
☐	111 **visit**	*v.* to go to a place
☐	112 **go**	*v.* to move from one place to another
☐	113 **group**	*n.* a set of people
☐	114 **guide**	*n.* a person who shows the way to others
☐	115 **tower**	*n.* a very tall, narrow building
☐	116 **bridge**	*n.* a thing built over a river or road
☐	117 **hotel**	*n.* a building where people stay (during a trip)
☐	118 **stay**	*v.* to spend time in a place
☐	119 **go on a trip**	*phr.* to take a trip
☐	120 **arrive at[in]**	*phr.* to get to (a place)

DAY 07

☐	121 **space**	*n.* the area outside the Earth
☐	122 **Earth**	*n.* the world; the planet that we live on
☐	123 **spaceship**	*n.* a spacecraft
☐	124 **welcome**	*v.* to say hello to someone warmly
☐	125 **above**	*prep.* at a higher place (than); over
☐	126 **below**	*prep.* at a lower place (than); under
☐	127 **across**	*prep.* from one side to the other side
☐	128 **against**	*prep.* in the opposite direction to
☐	129 **full**	*adj.* having a lot
☐	130 **fall**	*v.* to drop down
☐	131 **hot**	*adj.* having a high temperature
☐	132 **cold**	*adj.* having a low temperature
☐	133 **warm**	*adj.* a little hot
☐	134 **cool**	*adj.* a little cold
☐	135 **change**	*v.* to become different
☐	136 **get**	*v.* to become
☐	137 **away**	*adv.* far from somewhere
☐	138 **ahead**	*adv.* in front; forward
☐	139 **move around**	*phr.* to go around
☐	140 **get cold**	*phr.* to become cold

DAY 08

☐	141	**nature**	*n.* all plants, animals, and things (that are not made by people)
☐	142	**amazing**	*adj.* very surprising
☐	143	**high**	*adj.* not low; tall
☐	144	**low**	*adj.* not high or tall
☐	145	**top**	*n.* the highest part; the peak
☐	146	**bottom**	*n.* the lowest part
☐	147	**along**	*prep.* from one end to the other end
☐	148	**side**	*n.* a part of something
☐	149	**valley**	*n.* low land between mountains or hills
☐	150	**field**	*n.* a large area of flat land; a plain
☐	151	**deep**	*adj.* not shallow
☐	152	**flat**	*adj.* having no bumps or hills; not very deep or high
☐	153	**dry**	*adj.* without water
☐	154	**wet**	*adj.* not dry; full of water
☐	155	**many**	*adj.* a lot of
☐	156	**few**	*adj.* not many
☐	157	**kind**	*n.* a type (of person or thing)
☐	158	**type**	*n.* a kind
☐	159	**a lot**	*phr.* very much
☐	160	**a kind of**	*phr.* a type of

DAY 09

☐	¹⁶¹ **family**	n. parents and their children
☐	¹⁶² **album**	n. a book of photographs
☐	¹⁶³ **photo**	n. a picture you take with a camera
☐	¹⁶⁴ **picture**	n. a painting, drawing, or photo
☐	¹⁶⁵ **parent**	n. a father or mother
☐	¹⁶⁶ **grandparent**	n. a grandfather or grandmother
☐	¹⁶⁷ **husband**	n. a man who has a wife
☐	¹⁶⁸ **wife**	n. a woman who has a husband
☐	¹⁶⁹ **son**	n. a boy; a male child
☐	¹⁷⁰ **daughter**	n. a girl; a female child
☐	¹⁷¹ **uncle**	n. the brother of your father or mother
☐	¹⁷² **aunt**	n. the sister of your father or mother
☐	¹⁷³ **cousin**	n. the child of your uncle or aunt
☐	¹⁷⁴ **twin**	n. one of two children born at the same time (to the same mother)
☐	¹⁷⁵ **same**	adj. not different
☐	¹⁷⁶ **different**	adj. not the same
☐	¹⁷⁷ **look**	v. to seem
☐	¹⁷⁸ **take**	v. to carry or move something with you
☐	¹⁷⁹ **look like**	phr. to seem to
☐	¹⁸⁰ **take a picture**	phr. to take a photo

DAY 10

☐	181 **person**	*n.* a human
☐	182 **human**	*n.* a person
☐	183 **man**	*n.* an adult male human
☐	184 **woman**	*n.* an adult female human
☐	185 **lady**	*n.* (a polite word for) a woman
☐	186 **gentleman**	*n.* (a polite word for) a man
☐	187 **age**	*n.* the number of years that a person has lived
☐	188 **almost**	*adv.* nearly
☐	189 **child**	*n.* a boy or girl
☐	190 **only**	*adj.* alone (of its kind); single
☐	191 **teen**	*n.* a person who is between 13 and 19 years old; a teenager
☐	192 **adult**	*n.* a grown-up
☐	193 **guy**	*n.* a man
☐	194 **hero**	*n.* a person who does something brave
☐	195 **grow**	*v.* to become bigger or taller
☐	196 **become**	*v.* to grow; to come to be
☐	197 **care**	*n.* taking care of someone or something
☐	198 **try**	*v.* to make an effort; to do something new
☐	199 **take care of**	*phr.* to care for
☐	200 **try to + v**	*phr.* to make an effort to (do something)

DAY 11

☐	201 **voice**	*n.* the sound that you make with your mouth
☐	202 **hair**	*n.* things that grow on your head
☐	203 **round**	*adj.* shaped like a circle
☐	204 **dark**	*adj.* with little or no light
☐	205 **style**	*n.* a design or fashion
☐	206 **fashion**	*n.* a popular style of clothes
☐	207 **tall**	*adj.* not short
☐	208 **slim**	*adj.* thin, but not too thin
☐	209 **than**	*prep.* compared with
☐	210 **more**	*adv.* a larger number of; a larger amount of
☐	211 **strong**	*adj.* powerful; not weak
☐	212 **image**	*n.* a picture of something
☐	213 **any**	*adj.* one or some
☐	214 **none**	*pron.* not any; not a one
☐	215 **each**	*adj.* every
☐	216 **some**	*pron.* a few; a little; a number of
☐	217 **gain**	*v.* to get
☐	218 **weight**	*n.* how heavy someone (or something) is
☐	219 **each other**	*phr.* one another
☐	220 **none of**	*phr.* not any of them

DAY 12

☐	221	**friendly**	*adj.* acting like a friend; kind and helpful
☐	222	**gentle**	*adj.* soft and kind
☐	223	**polite**	*adj.* having good manners
☐	224	**rude**	*adj.* not polite
☐	225	**brave**	*adj.* not afraid
☐	226	**afraid**	*adj.* scared
☐	227	**quietly**	*adv.* with little or no sound
☐	228	**loudly**	*adv.* with a lot of sound
☐	229	**clever**	*adj.* very smart
☐	230	**wise**	*adj.* having wisdom
☐	231	**foolish**	*adj.* stupid; silly
☐	232	**stupid**	*adj.* not smart; foolish
☐	233	**silly**	*adj.* stupid, foolish, or childish
☐	234	**lazy**	*adj.* not wanting to work or move
☐	235	**curious**	*adj.* wanting to know or learn (something)
☐	236	**humorous**	*adj.* funny; having humor
☐	237	**honest**	*adj.* always telling the truth
☐	238	**careful**	*adj.* trying not to do anything wrong (or dangerous)
☐	239	**be afraid of**	*phr.* to be scared of
☐	240	**to be honest**	*phr.* honestly; to tell the truth

DAY 13

☐	241 **house**	n. a building where people live
☐	242 **apartment**	n. a set of rooms in a building (used as a house)
☐	243 **gate**	n. a door (for entering or leaving a building)
☐	244 **garage**	n. a building (or indoor area) for parking cars
☐	245 **show**	v. to let someone see something
☐	246 **into**	prep. to the inside of
☐	247 **part**	n. a piece of something
☐	248 **neighbor**	n. a person who lives near you
☐	249 **lock**	v. to fasten, usually with a key
☐	250 **unlock**	v. to open, usually with a key
☐	251 **lucky**	adj. having good luck
☐	252 **unlucky**	adj. having bad luck
☐	253 **floor**	n. the bottom of a room or hall
☐	254 **stair**	n. (-s) a set of steps
☐	255 **double**	adj. having two parts (of the same type)
☐	256 **hang**	v. to put (something) on a wall
☐	257 **furniture**	n. the things in a house, such as beds, tables, and chairs
☐	258 **mirror**	n. a special glass that shows the image of something
☐	259 **show up**	phr. to come; to arrive
☐	260 **go upstairs**	phr. to move to a higher level

DAY 14

☐ 261	**every**	*adj.* each
☐ 262	**everyday**	*adj.* daily
☐ 263	**life**	*n.* the time between birth and death
☐ 264	**death**	*n.* the end of life
☐ 265	**habit**	*n.* something that you do often or regularly
☐ 266	**lie**	*v.* to be in a flat position (on a bed); to lie down
☐ 267	**early**	*adj.* happening before the usual time
☐ 268	**late**	*adj.* happening after the usual time
☐ 269	**hurry**	*v.* to move quickly
☐ 270	**if**	*conj.* when; in case that
☐ 271	**leave**	*v.* to go away from a place
☐ 272	**return**	*v.* to come back; to go back
☐ 273	**always**	*adv.* at all times
☐ 274	**usually**	*adv.* at most times
☐ 275	**often**	*adv.* many times
☐ 276	**sometimes**	*adv.* from time to time; now and then
☐ 277	**never**	*adv.* not at any time
☐ 278	**lesson**	*n.* a class
☐ 279	**do one's best**	*phr.* to do all you can
☐ 280	**have to**	*phr.* to need to; must

DAY 15

☐ 281	**meal**	n. breakfast, lunch, or dinner
☐ 282	**diet**	n. the food you eat every day
☐ 283	**breakfast**	n. the meal you eat in the morning
☐ 284	**lunch**	n. the meal you eat in the afternoon
☐ 285	**dinner**	n. the meal you eat in the evening
☐ 286	**dessert**	n. sweet food you eat after a meal
☐ 287	**soup**	n. a liquid food made from vegetables, meat, or fish
☐ 288	**salad**	n. a mixture of vegetables, such as lettuce and tomatoes
☐ 289	**cup**	n. a small container used for drinking
☐ 290	**piece**	n. a part of something
☐ 291	**egg**	n. a bird's egg you eat as food
☐ 292	**meat**	n. food like beef and pork
☐ 293	**beef**	n. meat from a cow
☐ 294	**pork**	n. meat from a pig
☐ 295	**steak**	n. a thick piece of meat (cooked by frying or grilling)
☐ 296	**spaghetti**	n. long, thin pasta
☐ 297	**watermelon**	n. a type of large melon (with dark green skin)
☐ 298	**grape**	n. a small, juicy fruit (with green or purple skin)
☐ 299	**how to**	phr. the way of doing something
☐ 300	**fast food**	phr. food quickly cooked and served, like hamburgers and pizza

DAY 16

☐	301	**basic**	*adj.* very simple, with nothing special added
☐	302	**recipe**	*n.* a list of foods and steps for cooking
☐	303	**must**	*v.* to have to
☐	304	**focus**	*v.* to give attention to one thing
☐	305	**maybe**	*adv.* possibly
☐	306	**might**	*v.* could
☐	307	**oil**	*n.* a thick liquid used for cooking
☐	308	**sauce**	*n.* a liquid dressing
☐	309	**sugar**	*n.* a sweet thing (used to make food sweet)
☐	310	**salt**	*n.* a salty thing (used to make food salty)
☐	311	**boil**	*v.* to cook something in very hot water
☐	312	**burn**	*v.* to be on fire
☐	313	**ready**	*adj.* prepared (to do something)
☐	314	**hope**	*v.* to want something to happen
☐	315	**one**	*n.* a person or thing
☐	316	**another**	*adj.* one more
☐	317	**fresh**	*adj.* just made or picked
☐	318	**coffee**	*n.* a drink made from coffee beans
☐	319	**one another**	*phr.* each other
☐	320	**be ready for + n**	*phr.* to be prepared for (something)

DAY 17

☐	321 **body**	n. all the parts of a person (or an animal)
☐	322 **mind**	n. the part of a person that thinks and feels
☐	323 **head**	n. the part of the body on top of the neck
☐	324 **skin**	n. the part that covers the body
☐	325 **bone**	n. one of the hard parts (that makes the structure inside a body)
☐	326 **muscle**	n. the body parts that help you move
☐	327 **neck**	n. the body part between the head and the shoulders
☐	328 **shoulder**	n. the body parts between the neck and the arms
☐	329 **back**	n. the body part between the shoulders and the hips
☐	330 **front**	n. the forward part
☐	331 **lip**	n. one of the two soft red parts of the mouth
☐	332 **tongue**	n. the soft part inside your mouth (used for tasting)
☐	333 **hold**	v. to have something in your hand
☐	334 **grab**	v. to hold something with your hand (suddenly)
☐	335 **break**	v. to make something come apart
☐	336 **hurt**	v. to feel pain; to make someone feel pain
☐	337 **condition**	n. the state of something
☐	338 **well**	adv. in a good way
☐	339 **get hurt**	phr. to be hurt; to be injured
☐	340 **get well**	phr. to get better

DAY 18

☐	341 **sense**	*n.*	a feeling
☐	342 **sound**	*n.*	something that you can hear
☐	343 **sight**	*n.*	the ability to see; vision
☐	344 **hearing**	*n.*	the ability to hear
☐	345 **smell**	*n.*	the sense you feel with your nose
☐	346 **taste**	*n.*	the sense you feel with your tongue
☐	347 **touch**	*n.*	the sense you feel with your hands
☐	348 **feel**	*v.*	to sense
☐	349 **smooth**	*adj.*	not rough
☐	350 **rough**	*adj.*	not smooth or soft
☐	351 **sweet**	*adj.*	having the taste of sugar
☐	352 **salty**	*adj.*	having the taste of salt
☐	353 **sour**	*adj.*	having a taste like a lemon
☐	354 **bitter**	*adj.*	having a taste like black coffee
☐	355 **spicy**	*adj.*	having a strong taste from spices; hot
☐	356 **too**	*adv.*	very
☐	357 **better**	*adj.*	nicer; greater
☐	358 **doughnut**	*n.*	a small, round cake shaped like a ring
☐	359 **too ~ to...**	*phr.*	so ~ that you can't do something
☐	360 **How about...?**	*phr.*	What about ~?

DAY 19

☐	³⁶¹ **glad**	*adj.* pleased
☐	³⁶² **pleased**	*adj.* feeling happy
☐	³⁶³ **cry**	*v.* to have tears in your eyes
☐	³⁶⁴ **yell**	*v.* to shout loudly
☐	³⁶⁵ **smile**	*v.* to make a happy face
☐	³⁶⁶ **laugh**	*v.* to smile while making sounds with your voice
☐	³⁶⁷ **exciting**	*adj.* making you feel very happy
☐	³⁶⁸ **calm**	*adj.* not excited or upset
☐	³⁶⁹ **mad**	*adj.* very angry
☐	³⁷⁰ **upset**	*adj.* unhappy or angry
☐	³⁷¹ **anger**	*n.* the feeling of being angry
☐	³⁷² **scare**	*v.* to make someone feel afraid
☐	³⁷³ **worry**	*v.* to be unhappy about something
☐	³⁷⁴ **worried**	*adj.* feeling unhappy and afraid
☐	³⁷⁵ **serious**	*adj.* bad or dangerous; not smiling or laughing
☐	³⁷⁶ **nervous**	*adj.* worried and afraid of something
☐	³⁷⁷ **surprised**	*adj.* feeling or showing surprise
☐	³⁷⁸ **shocked**	*adj.* surprised and upset
☐	³⁷⁹ **out loud**	*phr.* loudly
☐	³⁸⁰ **laugh at**	*phr.* to make fun of

DAY 20

☐	381	**tell**	v. to say something
☐	382	**talk**	v. to speak to someone
☐	383	**speak**	v. to talk to someone about something
☐	384	**chat**	v. to talk in a friendly way
☐	385	**news**	n. a report of new events
☐	386	**about**	prep. on the subject of (something)
☐	387	**letter**	n. a written message, usually sent by mail
☐	388	**address**	n. the place where someone lives
☐	389	**mail**	n. letters or packages sent from one person to another
☐	390	**email**	n. electronic mail
☐	391	**website**	n. a set of webpages on the Internet
☐	392	**Internet**	n. the world's largest computer network
☐	393	**call**	v. to phone (someone)
☐	394	**ring**	v. to make the sound of a bell
☐	395	**text**	v. to send a text message (through a cell phone)
☐	396	**message**	n. a text that you send to someone
☐	397	**send**	v. to make (something) go somewhere
☐	398	**receive**	v. to get something (from someone)
☐	399	**be going to**	phr. to plan to; to be planning to
☐	400	**Why don't you…?**	phr. How about…?

DAY 21

☐	401 **think**	v. to have an idea (about something)
☐	402 **idea**	n. a plan or thought
☐	403 **understand**	v. to know the meaning of something
☐	404 **know**	v. to have information; to understand
☐	405 **discuss**	v. to talk about something (with someone)
☐	406 **decide**	v. to make a choice
☐	407 **form**	v. to make; to become shaped
☐	408 **fill**	v. to make full; to become full
☐	409 **secret**	adj. not known by others
☐	410 **code**	n. a set of letters or numbers (to keep a message secret)
☐	411 **keep**	v. to continue; to go on
☐	412 **promise**	v. to give one's word
☐	413 **remember**	v. to not forget; to keep something in your mind
☐	414 **forget**	v. to not remember
☐	415 **newspaper**	n. a paper with news
☐	416 **report**	n. a story in a newspaper or on television
☐	417 **fact**	n. a thing that is true
☐	418 **true**	adj. correct; real
☐	419 **make a promise**	phr. to promise
☐	420 **keep one's word**	phr. to keep a promise

DAY 22

☐	⁴²¹ **free**	*adj.* not busy
☐	⁴²² **hobby**	*n.* an activity that you do in your free time (for fun)
☐	⁴²³ **collect**	*v.* to gather together
☐	⁴²⁴ **enjoy**	*v.* to like doing something
☐	⁴²⁵ **film**	*n.* a movie
☐	⁴²⁶ **video**	*n.* a recording of moving images, such as a movie or TV show
☐	⁴²⁷ **comic**	*adj.* funny
☐	⁴²⁸ **ticket**	*n.* a piece of paper that lets you enter a place
☐	⁴²⁹ **program**	*n.* a show on television or radio
☐	⁴³⁰ **radio**	*n.* a device for listening to sound signals
☐	⁴³¹ **picnic**	*n.* an outdoor outing with food
☐	⁴³² **basket**	*n.* a container with a handle, usually made of wood
☐	⁴³³ **put**	*v.* to place or set
☐	⁴³⁴ **set**	*v.* to put something in a place
☐	⁴³⁵ **hate**	*v.* to dislike very much
☐	⁴³⁶ **because**	*conj.* for the reason that
☐	⁴³⁷ **borrow**	*v.* to use another person's thing (and give it back later)
☐	⁴³⁸ **lend**	*v.* to let someone borrow something
☐	⁴³⁹ **check out**	*phr.* to borrow a book from a library
☐	⁴⁴⁰ **because of**	*phr.* by reason of; due to

DAY 23

☐	441 **yesterday**	*n.* the day before today
☐	442 **ago**	*adv.* before now
☐	443 **race**	*n.* a contest of speed
☐	444 **begin**	*v.* to start
☐	445 **cheer**	*v.* to shout loudly for support
☐	446 **clap**	*v.* to hit your hands together to make a sound
☐	447 **fall**	*v.* to suddenly stop standing; to fall down
☐	448 **slip**	*v.* to slide by accident
☐	449 **win**	*v.* to do the best (or come first in a game)
☐	450 **lose**	*v.* to fail to win
☐	451 **first**	*adj.* coming before all others (in time or order)
☐	452 **last**	*adj.* coming after all others (in time or order)
☐	453 **second**	*adj.* coming next after the first
☐	454 **third**	*adj.* coming next after the second
☐	455 **fourth**	*adj.* coming next after the third
☐	456 **fifth**	*adj.* coming next after the fourth
☐	457 **finish**	*v.* to come to an end; to end
☐	458 **end**	*n.* the last part *v.* to finish
☐	459 **in the end**	*phr.* finally
☐	460 **at the end of**	*phr.* during the last minutes of something

DAY 24

☐	⁴⁶¹ **fan**	n. a person who likes someone very much
☐	⁴⁶² **event**	n. a thing that happens
☐	⁴⁶³ **bat**	n. the stick used to hit the ball in baseball
☐	⁴⁶⁴ **drop**	v. to fall
☐	⁴⁶⁵ **miss**	v. to fail to hit, catch, or reach
☐	⁴⁶⁶ **target**	n. a goal
☐	⁴⁶⁷ **center**	n. the middle point or part
☐	⁴⁶⁸ **middle**	n. the center
☐	⁴⁶⁹ **exercise**	v. to do physical activities; to practice
☐	⁴⁷⁰ **practice**	v. to exercise repeatedly
☐	⁴⁷¹ **marathon**	n. a running race about 42 kilometers long
☐	⁴⁷² **football**	n. a soccer
☐	⁴⁷³ **way**	n. a road or path; a method
☐	⁴⁷⁴ **point**	n. the main idea
☐	⁴⁷⁵ **score**	n. the number of points or goals
☐	⁴⁷⁶ **goal**	n. the area where players try to send the ball to score
☐	⁴⁷⁷ **medal**	n. a piece of metal (given to the winner of a game)
☐	⁴⁷⁸ **prize**	n. something valuable (given to the winner)
☐	⁴⁷⁹ **work out**	phr. to exercise
☐	⁴⁸⁰ **win a prize**	phr. to get a prize

DAY 25

☐	481 **land**	n. the dry part of the Earth (not covered by water)
☐	482 **ground**	n. an area of land
☐	483 **area**	n. a part of a place
☐	484 **cover**	v. to put something on top of
☐	485 **rock**	n. a big stone
☐	486 **soil**	n. the part of land where plants grow
☐	487 **heat**	n. the quality of being hot
☐	488 **enough**	adj. as much as you need
☐	489 **little**	adj. not much
☐	490 **much**	adj. a lot of
☐	491 **energy**	n. power for activities or works
☐	492 **power**	n. strength
☐	493 **air**	n. the gases that we breathe
☐	494 **breathe**	v. to take air into your lungs and send it out
☐	495 **gas**	n. a form of matter such as air
☐	496 **resource**	n. something useful, such as oil and gas
☐	497 **gold**	n. a shiny yellow precious metal
☐	498 **silver**	n. a shiny gray-white precious metal
☐	499 **be covered with**	phr. to have a lot of something on top
☐	500 **be made of**	phr. to be created from

DAY 26

☐	501 **thing**	*n.* an object
☐	502 **nothing**	*pron.* not anything; not a thing
☐	503 **save**	*v.* to keep to use later
☐	504 **waste**	*v.* to use too much of something
☐	505 **example**	*n.* a sample
☐	506 **project**	*n.* a planned work
☐	507 **plan**	*n.* something you are going to do
☐	508 **list**	*n.* a set of names or items
☐	509 **campaign**	*n.* a series of activities to reach a goal
☐	510 **recycle**	*v.* to make something new (from used paper, plastic, etc.)
☐	511 **bottle**	*n.* a container, usually made of glass or plastic
☐	512 **plastic**	*n.* a material that can be bent and shaped easily
☐	513 **paper**	*n.* a thin sheet made from wood
☐	514 **trash**	*n.* garbage
☐	515 **use**	*v.* to do something with; to make use of
☐	516 **reuse**	*v.* to use again
☐	517 **pick**	*v.* to choose
☐	518 **clear**	*adj.* easy to see through
☐	519 **for example**	*phr.* for instance
☐	520 **pick up**	*phr.* to lift; to take up by hand

DAY 27

☐	521 **huge**	*adj.* very large
☐	522 **tiny**	*adj.* very small
☐	523 **other**	*adj.* different (from the one mentioned)
☐	524 **others**	*n.* other people or things
☐	525 **dangerous**	*adj.* able to hurt or harm; unsafe
☐	526 **safe**	*adj.* not dangerous
☐	527 **most**	*adv.* to the highest degree
☐	528 **chance**	*n.* a possibility
☐	529 **kill**	*v.* to make a person (or animal) die
☐	530 **survive**	*v.* to continue to live
☐	531 **fox**	*n.* a wild animal (like a dog) with red-brown fur
☐	532 **hide**	*v.* to go to a place where you cannot be seen
☐	533 **strange**	*adj.* unusual; not known or seen before
☐	534 **dinosaur**	*n.* a large animal that lived millions of years ago
☐	535 **die**	*v.* to stop living
☐	536 **dead**	*adj.* not alive
☐	537 **issue**	*n.* an important topic; a problem
☐	538 **case**	*n.* a special situation or example
☐	539 **die out**	*phr.* to stop existing
☐	540 **find out**	*phr.* to learn or discover

DAY 28

☐	541 **magic**	*n.* magical powers
☐	542 **wonderful**	*adj.* very good
☐	543 **king**	*n.* a man who rules a country
☐	544 **queen**	*n.* a woman who rules a country
☐	545 **castle**	*n.* a large, strong building (with high walls and towers)
☐	546 **palace**	*n.* a house of a king or queen
☐	547 **couple**	*n.* two people or things
☐	548 **marry**	*v.* to get married
☐	549 **wedding**	*n.* a marriage ceremony
☐	550 **forever**	*adv.* for always; ever after
☐	551 **god**	*n.* the perfect being with all powers
☐	552 **control**	*v.* to rule
☐	553 **believe**	*v.* to feel that something is true
☐	554 **however**	*conj.* but
☐	555 **once**	*adv.* one time
☐	556 **twice**	*adv.* two times
☐	557 **time**	*n.* a measured period, such as minutes and hours
☐	558 **turn**	*v.* to move around
☐	559 **once upon a time**	*phr.* a long time ago
☐	560 **ever after**	*phr.* forever

DAY 29

☐	561 **elementary**	*adj.* simple or basic
☐	562 **college**	*n.* a school that you go to after high school
☐	563 **gym**	*n.* a room or building for doing exercise
☐	564 **court**	*n.* a place where games, such as tennis, are played
☐	565 **cafeteria**	*n.* a place where food is served
☐	566 **library**	*n.* a place where books are kept
☐	567 **teach**	*v.* to give a lesson
☐	568 **learn**	*v.* to get to know
☐	569 **exam**	*n.* a test
☐	570 **quiz**	*n.* a short test
☐	571 **solve**	*v.* to find an answer
☐	572 **problem**	*n.* something that is difficult to solve
☐	573 **easy**	*adj.* not difficult
☐	574 **difficult**	*adj.* not easy; hard
☐	575 **pass**	*v.* to move past
☐	576 **fail**	*v.* to not succeed
☐	577 **festival**	*n.* a special event for celebrating something
☐	578 **contest**	*n.* a race or game that people try to win
☐	579 **follow the rules**	*phr.* to not break the rules
☐	580 **pass an exam**	*phr.* to be successful on a test

DAY 30

☐	581 **grade**	n. one of the levels in a school
☐	582 **note**	n. a short letter
☐	583 **textbook**	n. a book about a subject, written for students
☐	584 **notebook**	n. a book for notes
☐	585 **history**	n. the story of the past
☐	586 **social studies**	n. the study of human society
☐	587 **course**	n. a series of lessons on a subject
☐	588 **topic**	n. a subject
☐	589 **conversation**	n. a talk between two or more people
☐	590 **dialogue**	n. a conversation in a book, play, or film
☐	591 **could**	v. the past form of *can*
☐	592 **would**	v. the past form of *will*
☐	593 **agree**	v. to have the same opinion
☐	594 **disagree**	v. to have a different opinion
☐	595 **sure**	adj. certain
☐	596 **certain**	adj. having no doubts
☐	597 **right**	adj. true or correct
☐	598 **wrong**	adj. not right or correct
☐	599 **Would you like to...?**	phr. Do you want to...?
☐	600 **I'd like to**	phr. I would like to

DAY 31

☐	601 **calendar**	*n.* a chart that shows the days, weeks, and months
☐	602 **date**	*n.* a particular day of a month or year
☐	603 **twenty-first**	*n.* 21st
☐	604 **twenty-second**	*n.* 22nd
☐	605 **twenty-third**	*n.* 23rd
☐	606 **twenty-fourth**	*n.* 24th
☐	607 **schedule**	*n.* a plan or timetable
☐	608 **weekly**	*adj.* every week
☐	609 **when**	*adv.* at what time
☐	610 **why**	*adv.* for what reason
☐	611 **congratulation**	*n.* words that congratulate someone
☐	612 **tonight**	*n.* the night of today
☐	613 **later**	*adv.* at a time in the future
☐	614 **last**	*adj.* most recent
☐	615 **hour**	*n.* 60 minutes
☐	616 **half**	*n.* one of two equal parts
☐	617 **minute**	*n.* 60 seconds
☐	618 **second**	*n.* one of the 60 parts of a minute
☐	619 **on time**	*phr.* at the correct time
☐	620 **one day**	*phr.* someday

DAY 32

☐ 621	**hundred**	n. the number 100
☐ 622	**thousand**	n. the number 1,000
☐ 623	**dollar**	n. the unit of money in the U.S.
☐ 624	**bill**	n. a piece of paper money
☐ 625	**cheap**	adj. low in price; not expensive
☐ 626	**expensive**	adj. costing a lot of money
☐ 627	**money**	n. coins or paper notes used to buy things
☐ 628	**cash**	n. money in the form of coins and bills
☐ 629	**cost**	n. the amount of money you need to buy something
☐ 630	**pay**	v. to give money to buy something
☐ 631	**buy**	v. to get something by paying money for it
☐ 632	**sell**	v. to give something for money
☐ 633	**sale**	n. the act of selling something
☐ 634	**customer**	n. a person who buys something
☐ 635	**rich**	adj. having a lot of money
☐ 636	**poor**	adj. having little money
☐ 637	**business**	n. the activity of making money
☐ 638	**staff**	n. the people who work for a company
☐ 639	**hundreds of**	phr. large numbers of
☐ 640	**make money**	phr. to earn money

MEMO

MEMO

MEMO